Wildsträucher in Natur und Garten

Kosmos
Gesellschaft der Naturfreunde
Franckh'sche Verlagshandlung
Stuttgart

Reinhard Witt

Wildsträucher in Natur und Garten

Mit 162 Farbfotos von H. E. Laux (48), H. Reinhard (32) und R. Witt (82),
9 Schwarzweißzeichnungen von F. Baudisch (1) und M. Golte-Bechtle (8) sowie
35 Symbolzeichnungen von M. Golte-Bechtle (20) und E. Katz (15)

Umschlaggestaltung von Kaselow Design, München, unter Verwendung eines Farbfotos von H. Reinhard
Das Bild zeigt blühenden Besenginster

Bild Seite 1: Herbststimmung – Samen der Gemeinen Waldrebe. Aufnahme H. Reinhard
Bild Seite 2/3: Hundsrose. Aufnahme H. Reinhard
Bild Seite 6: Berberitzen-Früchte. Aufnahme H. Reinhard

Italienische Ausgabe erschienen bei Grafiche Muzzio, Padua/Italien

CIP-Titelaufnahme der Deutschen Bibliothek

Witt, Reinhard:
Wildsträucher in Natur und Garten : bestimmen – schützen – anpflanzen / Reinhard Witt. – 3. Aufl. – Stuttgart : Franckh, 1989
(Kosmos-Naturführer)
ISBN 3-440-05496-9

3. Auflage
Franckh'sche Verlagshandlung, W. Keller & Co., Stuttgart / 1989

Printed in Germany / Imprimé en Allemagne / LH 14 so / ISBN 3-440-05496-9
Satz: Setzerei G. Müller, Heilbronn
Herstellung: Konrad Triltsch, Würzburg

Wildsträucher in Natur und Garten

Zu diesem Buch 8

Wildsträucher in der Natur 10
Was ist ein Wildstrauch? 10
Der natürliche Standort 12
Wildstrauchnachbarn 13

Wildsträucher zwischen Natur und Garten 14
Ausbreitung 14
Gefährdung 15
Schutz 19

Wildsträucher im Garten 20
Lebensraum Wildstrauch 20
Bunte Vielfalt – das ganze Jahr hindurch 24
Zehn Argumente für Wildsträucher 26

Kleine Wildsträucherpraxis 28
Wildsträucher für jeden Zweck 28
Die Bestimmung des Standortes 31
Die Qual der Wahl 33
Wildsträucher ja – aber woher? 43
Vom richtigen Pflanzen 46
Etwas Pflege muß sein 49

Unsere wichtigsten Wildsträucher in Wort und Bild 52
Hinweise zum Benützen des Bestimmungsteils 52
Erklärung der verwendeten Symbole und Fachausdrücke 54
An den Blättern sollt ihr sie erkennen 56
Bestimmungsteil 58

Wildsträucher im Haus 153

Bezugsmöglichkeiten für Wildsträucher 156

Literaturhinweise 157

Register 159

In das Grün unserer Siedlungen ist Unordnung gekommen: Hinter dem Kirschlorbeer aus Südosteuropa und der Forsythie aus China wächst eine Hecke aus amerikanischer Thuja. Alle drei gehören nicht nach Mitteleuropa, und zueinander passen sie schon gar nicht. Zur geografischen Unordnung gesellt sich die ökologische.

Vor allem aber ist es das Verhältnis des Menschen zur ihn umgebenden Natur, das nicht mehr in Ordnung ist. Denn statt sie so zu nehmen, wie sie über Jahrtausende gewachsen ist, will er sie nach seinem Willen verändern und zurechtstutzen. Aus der ursprünglichen, von Ehrfurcht getragenen Partnerschaft ist eine Vergewaltigung geworden: Nicht mehr die Geschichte und die natürlichen Eigenschaften eines Standortes bestimmen, welche Sträucher er tragen kann, sondern Hilfsmittel und Eingriffe, die so oft die Umwelt belasten.

Wozu eigentlich? Mit einheimischen Sträuchern lassen sich unsere öffentlichen Anlagen genausogut gestalten und unsere gärtnerischen Wünsche genausogut erfüllen wie mit den vielen Mode-Exoten.

Es ist an der Zeit, in unsere Gärten und Grünanlagen wieder Ordnung zu bringen. Das geht nicht ganz ohne Kenntnisse über einheimische Pflanzen, ihr Aussehen, ihre Eigenschaften und Ansprüche. Das vorliegende Buch über Wildsträucher in Natur und Garten wird uns dabei Hilfe sein. Möge es in diesem Sinne der bedrängten Natur zugute kommen.

Hans C. Salzmann
Schweiz. Zentrum für Umwelterziehung des WWF

Zu diesem Buch

„War's immer so?
Zertratest Du nicht den ‚garstigen' Wurm? Schien Dir nicht ‚Unkraut', was Du nicht gepflanzt? War Dir ‚Unrat' nicht welkes Laub?"

Willy Lange und Otto Stahn in „Gartengestaltung der Neuzeit", Leipzig 1907

Nur was man kennt, kann man auch schützen! Dieses Buch will dem engagierten Naturfreund helfen, unsere heimischen Wildsträucher kennenzulernen. Welche Wildsträucher wachsen überhaupt bei uns? Wie sieht ihr natürlicher Standort aus? Wachsen sie einzeln oder in Gruppen, mit welchen anderen Arten sind sie vergesellschaftet? Wie sehen Blätter, Blüten und Früchte aus? Die 45 in Aussehen, Blatt, Blüte und Frucht abgebildeten Arten können nur ein Ausschnitt sein aus der reichhaltigen Palette unserer Wildsträucher, aber vielleicht können Sie anhand der vielen Farbfotos feststellen, daß Wildsträucher ebenso schön oder sogar noch schöner, als die in Gärten und Anlagen üblichen exotischen Sträucher und Züchtungen sind. Was läßt sich da mit dem weißen Blütenschleier von Schlehen, Weißdorn oder Holunder vergleichen? Welch anderer Strauch lockt mit so betäubendem Duft und rosarot leuchtenden Blüten wie unser Gemeiner Seidelbast? Oder man denke nur an die leuchtend gefärbten Früchte von Pfaffenhütchen, Berberitze und Hundsrose oder an die warmen Braun-, Rot- und Gelbtöne des Herbstlaubes.
Dieses Buch ist aber nicht nur ein Bestimmungsbuch, es möchte ein klein bißchen von dem bewahren, was uns Menschen an Wildsträuchern einmal wertvoll war. Nicht immer wurde die heimische Natur aus Landschaft, Gärten und Grünanlagen so verbannt wie in den letzten 20 Jahren. Einst gehörte das Wissen um Gestalt, Eigenschaften und Nutzen der Wildsträucher in den Alltag. Ihre Blüten, Blätter und Früchte sind uralte bewährte Genuß- und Heilmittel – warum sollten sie es heute nicht mehr sein?
Wichtiger als für uns Menschen sind Wildsträucher aber für die Tiere – sie bieten ihnen Schutz und Nahrung. Jeder Strauchteil, ob Blatt, Blüte, Frucht, Saft, Rinde oder Holz, ernährt Insekten, Vögel und Säugetiere. Verschwindet der Wildstrauch, so verschwinden auch Überlebensmöglichkeiten für Tiere. Wildstrauchschutz ist praktischer Artenschutz: Jeder erhaltene oder gepflanzte heimische Strauch schützt zahlreiche, oft vom Aussterben bedrohte Tiere.
Das Buch will dazu anregen, den Wildsträuchern in unseren Gärten, Parks und Grünanlagen eine neue Heimat zu geben. So wie früher, als Wildsträucher um uns und alltäglich waren, als wir ihnen noch den Platz einräumten oder beließen, der ihnen von Natur aus zusteht. Den westfälischen Bauerngarten etwa zierte nicht immer ein asiatischer Rhododendron, sondern es war der schöne und gleichzeitig nützliche Hollerstrauch, der Schwarze Holunder. Die Gartenhecke in Unterfranken bestand aus Hundsrose, Brombeere und Schlehe, in Schleswig-Holstein waren es Weißdorn, Hainbuche und Jelängerjelieber – an jedem Ort anders und neu interessant. Eine Hecke bestand eben

nicht – wie heute von Nord bis Süd vereinheitlicht – aus exotischen Koniferen, die ein immer gleiches Bild geben und den Charakter einer Landschaft nehmen. Auch in den Ziergärten gediehen einmal heimische, standortgerechte und regional passende Laubhölzer, die gegenüber dem immergrünen Standardsortiment aus Azalee, Duftschneeball, Zwergkiefer und Scheinzypresse den Vorteil von Lebendigkeit, zahllosem Tierleben und Abwechslung besitzen. Woran erkennen wir die bunte Vielfalt der Jahreszeiten, wenn nicht an den verschiedenartigsten Blüten, an farbigen Früchten, an dekorativ leuchtendem Herbstlaub? Und wie sollen einmal unsere Kinder Natur schützen, wenn sie nicht mehr wissen, was eigentlich Natur ist? Wenn sie nicht mehr erfahren dürfen, wie eigenartig Holunder riecht, was eine Hagebutte ist, wie sauer Schlehen schmecken?
Wildsträucher heute: verloren, vernichtet, verschwunden, vergessen?
Auf daß mit den Wildsträuchern wieder mehr Leben in unsere Gärten und in die Natur zurückkehrt! Zeit dazu wäre es!
Über „Rückmeldungen" würde ich mich freuen.

Reinhard Witt Forsthaus Röntorf

Für Hannelore und Arno, Rut und Lieselotte und für Maria

Wildsträucher in der Natur

„Das Licht der Natur lügt nicht“

Paracelsus (1493–1541)

Was ist ein Wildstrauch?

Alle hundert in diesem Buch beschriebenen Wildstrauch-Arten gehören im deutschsprachigen Raum zur „potentiell natürlichen Vegetation“; zu dem, was sich bei uns erhalten würde, bliebe die Natur sich selber überlassen. Eigenes Wachstum, eigene Vermehrung, eigene Verbreitung, kurz: eigenständiges Vorkommen im hiesigen Raum, das macht den Unterschied zwischen heimischen Wildsträuchern und Exoten oder Zuchten.
Zu den Wildsträuchern gehört etwa die Mistel – seit bald 10000 Jahren wild und von sich aus bei uns – oder die Mispel, vor 2000 Jahren mit den Römern eingewandert und verwildert. Nicht dazu zählt aber der immerhin schon 150 Jahre in Europas Gärten heimische Rhododendron, ein asiatisch-amerikanischer Hybride, der ohne saure Torfhilfe im satten Gartenboden verginge, dessen Blätter ohne die regelmäßige Bewässerung durch den Stadtgärtner manchen Sommer vertrocknen würden, dessen Blüten bei unserem Klima keinen Herbst zur reifen Frucht kommen. Gleichwohl: Mit oder ohne menschliches Zutun ändert sich das Wildstrauchspektrum im Laufe der Zeit. Europas Strauchflora bestand nach der letzten Eiszeit fast nur aus Wacholder und Sanddorn; heute – 15000 Jahre später – zählt sie mindestens 100 Wildstraucharten. Diese machen übrigens nur den 40. Teil von rund 4000 bei uns gepflanzten Gehölzen. Viele der rund 4000 Arten und Sorten sind jedoch dabei, sich einen Platz in der Natur zu erobern. Der Titel „Wildsträucher“ gebührt ihnen aber deswegen noch lange nicht. Denn wichtigstes Merkmal eines Wildstrauches ist sein Überlebenswert!
Der Wildstrauch versorgt die heimische Tierwelt mit Nahrung, und zwar nicht nur mit Blütennahrung, das kann für alle Wildbienen jeder Rhododendron, sondern auch mit nahrhaften Blättern, Trieben, Rinde, Wurzeln, Saft oder Holz. Weil heimische Pflanzen und Tiere seit Tausenden von Jahren gemeinsam überleben, spezialisierten sie sich füreinander. Auf Gedeih und Verderb kriecht die Minierlarve nur in dem einen, ganz bestimmten Blatt, labt sich der Bockkäfer nur an einem Saft, wird das Waldgeißblatt nur von einigen wenigen Nachtschwärmern besucht. Lebensgrundlage für 2000 Insekten, fünf Dutzend Säugetiere und Vögel, Erdkröte und Zauneidechse... das sind unsere Wildsträucher.
Aber sie sind noch mehr, stehen sie doch im Aussehen und Charakter zwischen Kraut und Baum.
Der verjährenden Kräuterschicht entwachsen sie mit holzigen Trieben, den vieljährigen Baum werden sie in Stamm und Umfang zeitlebens nie errei-

Der Haselstrauch gehört mit zu den ersten Frühjahrsblühern. Aufnahme H. Reinhard

chen. Vom Kraut das Schnellwüchsige, das Vergängliche, das Biegsame, das Dichte und das Dunkle, vom Baum das Ausdauernde, das Stabile.
Und Wildsträucher sind Überlebenskünstler: Wo vor Fels und Eis sich keine Baumwurzeln mehr halten können, wo der Sturm jede Krone bricht, blüht die Rostrote Alpenrose prächtiger als mancher Tieflandexot. Der Gemeine Wacholder klammert am Monte Rosa bis auf 4000 Meter, höher als die Bergsteiger gewöhnlich hinauf wollen. Die Gemeine Felsenbirne macht Steinspalten – tief und unfruchtbar wie purer Fels – urbar. Wo Staunässe und Versauerung ein höheres Pflanzenleben erschweren, gedeihen Gagelstrauch und Faulbaum gerade gut. Wo Knochentrockenheit herrscht, halten sich Buchsbaum und Schlehe. Wo der scharfe Nordwind Salzfrachten ablädt, der Sanddorn lebt trotzdem! Wo Böden aus Armut kahl bleiben, wachsen Besenginster und Gelber Blasenstrauch und machen ihren Stickstoff selbst. Kein Platz

in Europa, den die Salweide nicht erreichen würde, wenig Höhenmeter und Breitengrade, die Blaubeere und Weißdorn zum Wachstum nicht aushielten. Naturwuchs, Lebensort, Einzigartiges und Einmaliges, Überlebenskünstler, Pionier der Unwirtlichkeit, Spezialist auf Unmögliches und Alleskönner, das alles ist ein Wildstrauch. Dabei keiner wie der andere, ein jeder nach seinem Standort, gemäß Klima, Licht und Boden.

Der natürliche Standort

Geographische Lage, Temperatur und Feuchtigkeit begrenzen das Wildstrauchvorkommen, wobei sich bei den 45 ausführlich in diesem Buch dargestellten Arten für Süddeutschland, die Schweiz und Österreich ein breiteres Artenspektrum als für Nord- und Nordwestdeutschland abzeichnet. Bis auf Waldgeißblatt, Stechpalme und Schwarze Johannisbeere sind alle im Süden häufigen Arten auch im Norden zumindest verbreitet, während sich für Rote Heckenkirsche, Traubenholunder, Holzapfel, Kornelkirsche, Gemeiner Kreuzdorn, Gemeiner Liguster, Mispel, Mistel, Schlehe, Wolliger Schneeball, Gemeiner Seidelbast und Gemeine Waldrebe südliche Verbreitungsschwerpunkte andeuten. Für den Nordwesten typisch ist allein der Gagelstrauch, wogegen Rostrote Alpenrose, Berberitze, Gelber Blasenstrauch, Buchsbaum, Gemeine Felsenbirne, Rispelstrauch und Gemeine Zwergmispel im Wildvorkommen zusammen die Charakterarten des Südens ausmachen. Alle anderen Arten sind im Norden wie im Süden verbreitet.
Ausgesprochene Flachlandbewohner sind Gagelstrauch und Schwarze Johannisbeere; fast alle anderen Arten besiedeln Niederungen wie Hügelland und Mittelgebirge bis 1000 Meter – oft sogar darüber hinaus; spezielle Hügel- und Berglandarten wären Rostrote Alpenrose, Gemeine Felsenbirne und Gemeine Zwergmispel.

Nordische Tundra mit Wacholder, Weiden und Birken. Aufnahme R. Witt

In Temperatur- und Feuchtigkeitsbedarf reflektieren $^2/_3$ unserer Arten das mitteleuropäische gemäßigte Klima: Sie sind Mäßigwärmezeiger im Bereich frischer Standorte, weder ganz trocken noch dauernd feucht. Die Tendenz weist dabei zu Wärme und Trockenheit. Auf kühle oder feuchte bis nasse Standorte haben sich nur Rostrote Alpenrose, Blaubeere, Gemeine Brombeere, Gagelstrauch, Schwarze Johannisbeere, Rispelstrauch, Salweide, Gemeiner Schneeball, Stachelbeere oder Traubenkirsche eingestellt. Heidekraut und Gemeiner Wacholder gedeihen zusätzlich an warmen und trockeneren Plätzen.
Auf das rechte Licht kommt es gerade bei Wildsträuchern an – reine Schattenpflanzen gibt es unter ihnen nicht. Die Halbschattenpflanzen Gemeiner Efeu, Gemeiner Seidelbast, Stachelbeere oder Stechpalme tolerieren zwar noch minimal 10% der einfallenden Gesamtlichtmenge über der Baumschicht, mögen es im Unterwuchs ihrer Wildstrauchnachbarn oder Bäume aber durchaus heller.
Vier von fünf heimischen Sträuchern benötigen aber selbst im Unterwuchs die Hälfte der die Baumkronen erreichenden Sonnenstrahlen und mehr. Besenginster, Gagelstrauch, Hundsrose, Rispelstrauch, Sanddorn, Gemeiner Wacholder und Gemeine Zwergmispel gehören zu den besonders anspruchsvollen Licht- bzw. Vollichtpflanzen, die dauerhafte Beschattung mit Wachstumsstörungen – der Wacholder sogar mit Unfruchtbarkeit oder Absterben – quittieren.
Anders als gartenüblich vertragen die meisten Wildsträucher weder zuviel Nährstoffe – etwa Stickstoff – noch zuviel Säure! Nur jeder dritte Wildstrauch toleriert oder braucht einen höheren Stickstoffgehalt und ein saures Bodenmilieu, nur die Gemeine Brombeere, die Himbeere und der Schwarze Holunder benötigen von beidem reichlich. Der überwiegende Teil der Wildsträucher aber fordert schwachsaure bis schwachalkalische Böden mit normalem und geringem Stickstoffangebot.

Wildstrauchnachbarn

Fast jeder Wildstrauch hat Nachbarn, meist sogar nur bestimmte. Das kommt ganz darauf an, wo er steht. Zum Beispiel der Schwarze Holunder: In einem Linden-Hainbuchenwald in Hannover etwa wächst er mit Haselnuß, Pfaffenhütchen, Himbeere, Gemeinem Schneeball, Eingriffligem Weißdorn und dem Waldgeißblatt; an der Ostseeküste bei Rostock mit Sanddorn, Salweide und Jelängerjelieber; im Osten Bielefelds steht er heckenweise mit Eingriffligem Weißdorn, Schlehe, Gemeinem Kreuzdorn, Hundsrose, Haselnuß und Gemeiner Waldrebe; im Oberengadin soll er zusammen wachsen mit Schwarzer und Blauer Heckenkirsche, mit Alpenheckenrose, Rauschbeere, Rostroter Alpenrose und Gemeinem Wacholder. Stimmt das? Oder ob uns da jemand einen Bären aufgebunden hat? Wer kennt den Schwarzen Alpenholunder? Aber in einem Auwald bei Berlin wächst er in Nachbarschaft mit Faulbaum, Himbeere, Pfaffenhütchen, Gemeinem Schneeball, Grau- und Lorbeerweide und Schwarzer Johannisbeere.

Wildsträucher zwischen Natur und Garten

Ausbreitung

Ohne uns wäre Deutschland, die Schweiz oder Österreich Urwald, ein großer Teil davon Buche und Eiche, in höheren Lagen Fichte und Tanne, auf armen Böden Birke oder Kiefer. Wildsträucher wären begrenzt auf Gewässerufer, auf die Breschen altersschwacher umgestürzter Baumriesen, auf Windbruch. Sie würden aber auch all die lichten Nischen auswachsen, um wenige Jahrzehnte später dem Schatten der langsameren, aber stärkeren Bäume zu weichen. Der Mensch jedoch erweitert die ökologischen Übergangsnischen der Wildsträucher. Die Breschen, die er schlägt, fallen für gewöhnlich breiter aus, als fallende Bäume sie schlagen. Jede Lichtung vervierfacht den Waldrand und vervielfacht neuen Wildwuchs. Mit Kahlschlag, Auslichtung und Aufforstung kommen und gehen einzelne Arten bedürfnisgemäß. Himbeere und Gemeine Brombeere sind die schnellsten, Schwarzer Holunder und Salweide zeigen sich dafür hartnäckiger: Bis zu 40 Jahre halten sie es aus, dann schlagen ihnen die Baumkronen über dem Haupt zusammen und nehmen ihnen Licht und Leben. Traubenkirsche und Hainbuche vermögen sich sogar für ein Menschenleben einen Platz unter Bäumen zu sichern. Und hilft der Mensch in der Niederwaldwirtschaft durch regelmäßige Verjüngungsschnittkur zu neuem Ausschlag, geht es sogar um einige Male darüber hinaus.
Kontinuierliches Beweiden öffnet Lebensraum für Spezialisten: Die Heidelandschaften Nordwestdeutschlands mit Heidekraut, Glockenheide, Blaubeere, Gemeinem Wacholder, Besenginster oder Behaartem Ginster wären ohne den Eingriff des Menschen Kiefern- und Birkenwälder. Auf den Menschen angewiesen in der ehemaligen Waldweide und offenen Viehweide sind auch die wehrhafte Schlehe, der Eingrifflige Weißdorn oder die Hundsrose. Hört die die Nachwuchstriebe der Konkurrenzarten kürzende Weidenutzung jedoch auf, verschwinden solche lichtbedürftigen Arten offener Hänge und Halbtrockenrasen. Im 17. bis 19. Jahrhundert in Schleswig-Holstein zum Felder- und Wiesenschutz angelegte „Knicks", Wallhecken aus gesammelten

„Es herrscht Ordnung im Land"

Grün kaputt, München 1983

Feldsteinen und dem Aushub von Entwässerungsgräben, bestehen im Anfangsstadium fast ausschließlich aus Wildsträuchern. Sie sind wie alle Feldhecken auf das turnusmäßige „Auf-den-Stock-Setzen" angewiesen.
Selbst in und über menschlichen Siedlungen breiteten sich nicht wenige Arten aus. Das gilt für Kulturpflanzen – des Klostergärtners Mispel, Holzapfel und Holzbirne, des Kleingärtners Brombeere – wie auch für Zierpflanzen, des Stadtgärtners Jelängerjelieber, die Stechpalme oder die Hundsrose. Sogar manch Gelber Blasenstrauch dürfte sich, vor seinem Ausbruch zum Wildleben, in Gärten vermehrt haben. In jedem Fall trug die menschliche Vorliebe für bestimmte Wildsträucher sehr zu deren Ausbreitung bei.

Gefährdung

Die Düsterkeit heutiger Nadelwaldmonokulturen meiden nicht nur Wildsträucher! Lichte Stellen besiedeln ein paar Arten, denen der Boden nicht zu sauer ist: Im Fichtenforst sind es Schwarzer Holunder und Traubenholunder, Gemeine Brombeere und Himbeere; in Kiefernkulturen Gemeine Brombeere, Himbeere, Blaubeere und Preiselbeere, gelegentlich ein Besenginster.
Aber auch uniforme intensive Laubholzwirtschaftswälder, etwa aus Schwarzpappeln, bedingen eine Artenarmut, lassen allenfalls Gemeine Traubenkirsche, Pfaffenhütchen oder Schwarzen Holunder zu.
Und daß in Forstkulturen in großen Mengen ausgebrachte Pestizide den Wildstrauchwuchs nicht sonderlich fördern, mag der Beobachter den schlaffen Blättern eines mit Tormona 80 bestrichenen Schwarzen Holunders ablesen: Bis zu 4 Liter des 2, 4, 5-T-Präparates pro Hektar reichen nicht nur schwer bekämpfbaren Unkräutern und Holzgewächsen!
Auf das Konto der Flurbereinigung geht ein Milliardendefizit an Wildsträuchern. Vor 20 und 10 Jahren opferten wir bedenkenlos Hecken, Wälder, Säume, Böschungen, Wegraine, Feldränder unserer Fortschrittlichkeit, und

„Urwald“ mit Buche und Stechpalme (Norddeutschland). Aufnahme R. Witt

diese „Flurbereinigung“ hat immer noch kein Ende: Heckenstück für Heckenstück weicht natürliche Vielfalt menschlicher Einfalt.
Auf das Konto der Landwirtschaft geht es, daß der Rand von Hochmooren mit Nitrat vollgepumpt wird, bis der Gagelstrauch mitsamt Moor umkippt, daß der Rest Feldrandwuchs vollgespritzt wird mit Unkrautvertilgungsmitteln, auf daß sich ja kein roter Klatschmohn, keine blaue Kornblume mehr zeige!
Auf das Konto der jeweiligen Bundesregierung, des Landes, der Kommune gehen Schnellstraßen, Schnellbahntrassen, Kanäle und Industrieanlagen, die immer und gerade durch Wildstrauchland geplant sind, das jedermann gehört und doch keinem. Wenn Wildsträucher Wählerstimmen hätten!
Ein Hauch von Exotik weht durch Vorgärten und Grünanlagen: Halb Asien und Amerika finden sich dort versammelt, mit betörenden Farben und Formen dem Auge, mit exklusivem Namen dem Ohr zu schmeicheln. Beinahe im Standardsortiment hat vergangenes Jahrzehnt fremdartiges Ziergesträuch Einzug gehalten und für den Auszug von standortgerechter Natur gesorgt. Von A wie Aralie aus Asien bis Z wie Zaubernuß aus Mittelchina, dazwi-

Links: Verbuschende Viehweide. Aufnahme R. Witt

Rechts: Steinwall in Österreich mit Hundsrose und Traubenholunder. Aufnahme R. Witt

schen Gewürzstrauch aus Nordamerika und Scheinzypresse aus Japan. Laubhölzer und Nadelgewächse, mal echter Import, mal Zucht. „*Thuja occidentalis* smaragd", Selektion aus Dänemark – ein Kleinod schon vom Namen her, kaum klangvoller Rhododendron-Hybriden mit den teuren Beinamen „Baden-Baden" oder „Professor F. Bettex".
Vom standortgerechten Gemeinen Schneeball, von Salweide, Haselnuß, Schwarzem Holunder, Pfaffenhütchen, Roter Heckenkirsche und anderen echt heimischen Wildsträuchern bleiben nur noch Namen: Die Invasion exotischer Katalogsnatur haben sie im Garten, in dem sie vorher standen, nicht überlebt. *Crataegus monogyna,* der Weißdorn zum Beispiel. Durch die Zucht ist aus einem Weißdorn ein Rotdorn geworden – mit gefüllten, unfruchtbaren Blüten. Oder der Gefüllte Schneeball, er hat mit der heimischen Wildform nur noch den Artnamen gemein: *Viburnum opulus sterile* ist eine Zucht aus Holland. Echt an der „Echten Veredelten Salweide" ist nichts mehr, der Scheinhasel ist da wenigstens vom Namen her ehrlicher, nämlich unfruchtbar. Die Liste ist lang.

Schutz

Naturnähe beginnt im Gehirn zu keimen. In Köpfen von denkenden, wissenden, fühlenden und handelnden Menschen. Dort und nur dort muß der Boden für Wildsträucher bereitet sein, bevor wir ihnen Wuchsplätze in der Natur einräumen.
Weil wir im Prinzip gedankenlos ausrotten, braucht es mehr Gedanken über jede „Gegennatur" im Alltag:
Muß der Holunder am Haus weg, nur weil der Hauptstamm abbrach und unordentlich aussieht oder darunter Brennesseln wachsen?
Wieviel Leben bringen Blüte, Blätter und Früchte nur eines Holunders für die Gartentiere, und wer ist das?
Der Holunder ist dabei nur der Anfang. Denn wenn wir versuchen, ihn fragend zu verstehen, werden damit vernetzte andere Fragen und Antworten kommen: Wenn der Platz im Kopf da ist für den Holunder, für seine Häßlichkeit und seine Schönheit, seinen Wert, wenn er „drinnen im Kopf" ist, können wir auch draußen in Natur und Garten anfangen, Wildsträuchern mit Toleranz den Platz einzuräumen, der ihnen zusteht, und:
im Wald
- mehr Laub- als Nadelhölzer pflanzen
- statt Mono-, Polykulturen wachsen lassen
- zu Naturwaldbau übergehen
- ursprüngliche Methoden der Waldwirtschaft fördern
- keine Pestizide verwenden

auf dem Land
- Hecken, Gebüsche, Wegraine achten, sie neu schaffen und pflegen
- Teiche, Bäche und Flüsse naturnah wieder herrichten
- organischer und gesünder mit dem Boden wirtschaften
- vielfältig und kleinräumig anbauen
- ursprungliche Bewirtschaftungsmethoden fordern
- weniger asphaltieren, ordnen und planen

im Garten und in der Stadt
- statt fremder Zucht- und Zierformen möglichst viele Wildsträucher pflanzen
- Wildsträucher wachsen lassen und nicht gegen Zucht- und Zierformen austauschen
- die natürliche Bodenbedeckung unserer Sträucher (Kräuter und Stauden) tolerieren und nicht entfernen
- nicht genutzte Teile des Gartens gezielt verwildern lassen
- im Nutzgarten mit biologischen Methoden arbeiten
- auf Umweltgifte (Spritzmittel, Chemiedünger) verzichten

Links oben: So schön sieht blühender Schwarzer Holunder aus. Aufnahme H. Reinhard

Links unten: Herbizideinsatz auf einer Forstfläche. Aufnahme R. Witt

Wildsträucher im Garten

„Unsere Gärten sind gleichsam ein Spital mit lauter chronisch Kranken, die ständiger Pflege und Eingriffe bedürfen und mit einem Übermaß an Gift, Chemie und Energie versorgt werden. Wollen wir unsere Kinder in Krankenhäusern aufwachsen lassen?“

Hans Salzmann, Schweizer Zentrum für Umwelterziehung, Zofingen 1983

Lebensraum Wildstrauch

Haben Sie sich schon einmal überlegt, welchen Wert ein exotischer Strauch oder eine Züchtung in unseren heimischen Gärten hat? Zum Beispiel der Rotdorn: kein Geruch, nicht das bißchen eines Honignektarduftes, kein Staubblattgelb zwischen den prachtvoll gefüllten Blüten. Wert für die Tierwelt: der Wert eines Kunstgewächses. Wie soll er auch Pollen liefern oder Früchte, wenn Staubblätter zu Blütenblättern umgezüchtet, die Blüten dadurch unfruchtbar geworden sind. Oder eine Aralie, eine Schönfrucht, ein Buntlaubiger Hartriegel, eine Scheinhasel, ein Rhododendron, die verwandten Azaleen und, und, und...

Die Mehrzahl der in Vorgärten so gern angepflanzten und dekorativ aussehenden Ziersträucher zeichnet sich durch gemeinsame Eigenschaften aus, die sie als Nahrungsquellen für heimische Tiere bedeutungslos werden lassen: Die Blüten sind unfruchtbar und deswegen für Insekten nutzlos, selbst die Blätter ernähren nur den Bruchteil der Insekten, die vom Blattangebot heimischer Wildsträucher profitieren würden. Geht man schätzungsweise von rund 10 Insektenarten pro Wildstrauch aus – was sicher noch zu gering gegriffen ist –, potenziert sich mit jedem ausländischen Gewächs das Defizit. Es sind ja nicht nur die Nahrungsspezialisten betroffen, sondern auch sämtliche anderen Gartenbewohner, die direkt oder indirekt am Nahrungsangebot heimischer Pflanzen hängen.

Warum also nicht Naturschutz vor der Haustür praktizieren? Monotone Gärten und öffentliches Grün, bislang nur wenigen Allerwelts-Tierarten vorbehalten, könnten neuen Lebensraum eröffnen. Amsel, Drossel, Fink und Star, vielleicht noch Bachstelze und ein paar Meisen machen lange nicht die ganze Vogelschar aus, die in naturnahem und näherem Kulturgrün Platz fände. Böte man im Garten bedrohten Insektenarten wie Baumweißling, Faulbaumbläuling, Großem Fuchs, Weißdornkeulhornblattwespe, der Großen Kamelhalsfliege oder der Laubholzsäbelschrecke Lebensmöglichkeiten, geschähe dies auch für die genauso gefährdeten Endglieder der Nahrungsketten, wie Nachtigall, Gartenrotschwanz, vielleicht sogar Gartenschläfer und Haselmaus, die endlich wieder in derzeit insektenarmen Revieren heimisch würden. Die Anpflanzung von Wildsträuchern im Garten, in Parks und An-

Links: Wildsträucher bieten sehr gute Nistmöglichkeiten und Deckung. Aufnahme R. Witt
Rechts: Blüten und Früchte locken viele Tiere an. Hier eine Fleischfliege an den Früchten der Roten Heckenkirsche. Aufnahme R. Witt

lagen könnte viel dazu beitragen! Wie wertvoll die Wildsträucher sind, vermögen allerdings nur geübte Beobachter zu sagen, denn es braucht Zeit und Geduld, um die im Kleinen steckende Vielfalt zu erblicken und schätzen zu lernen.
Die Leben ermöglichende Fruchtbarkeit heimischer Sträucher fängt schon beim Blatt an: Für jeden Wildstrauch gibt es Nahrungsspezialisten, die einzig und allein oder hauptsächlich auf diese eine Pflanzenart angewiesen sind: Schmetterlingsraupen, etwa vom Faulbaumbläuling, Käfer wie der Schneeballblattkäfer oder einzelne Blattwespenarten. Andere Insekten sind weniger spezialisiert und nutzen die Blattnahrung mehrerer oder vieler Sträucher: Das Grüne Heupferd frißt das Laub verschiedener Sträucher, die Raupen von Trauer-Grünwidderchen, Baumweißling und Segelfalter finden sich auf Weißdorn und Schlehe, oder so seltsame Käfer wie die Spanische Fliege benagen nicht nur Holunderblätter.
Auch Saft, Zweige und Holzteile der Wildsträucher sind eine willkommene Nahrungsquelle: Der Moschusbock z.B. hat sich auf Weiden spezialisiert. Der erwachsene Käfer lebt vom Baumharz, seine Larve im Holz. Auch der Nachwuchs der Weidenrutengallmücke lebt von diesem Strauch.

Lebt hier etwas? Suchen Sie einmal. Aufnahme R. Witt

Um die Beziehungen zwischen bestimmten Blütentypen und nektar- oder pollenfressenden Insektenarten kümmert sich eine ganze Wissenschaft, die Blütenbiologie, die immer wieder neue, phantastisch aufeinander abgestimmte Baupläne entdeckt und erforscht.

Schwebfliegen, Blumenfliegen, Blumenkäfer, sämtliche Wildbienen und die meisten unserer Schmetterlinge geben sich auf Wildsträuchern ein Stelldichein.

Der Kreis der Blütenbesucher wird zunächst über Blütenform und Rüssellänge bestimmt: Kurzrüßlige Käfer, Wanzen und die Mehrzahl der Fliegen besuchen hauptsächlich den offenen Scheibenblütentyp von Apfel-, Weißdorn-, Pfaffenhütchen- oder Kornelkirschenblüten. Die langkelchigen oder speziell konstruierten Schmetterlingsblüten von Ginster, Heckenkirsche oder Geißblatt werden dagegen von langrüßligen Schmetterlingen und Nachtschwärmern aufgesucht. Wer „zwischen den Blüten liest", kommt dann sogar den unglaublichsten Betrügereien auf die Spur: Pollendiebstahl oder Nektarraub ohne Befruchtung der Blüte auf der einen Seite, getäuschte und durch nichts belohnte, dennoch die Blüte befruchtende Insekten auf der anderen Seite.

Und wer dann noch tiefer in der Blüte nachschaut, wird auch hier tierische Nutznießer vorfinden: Larven von Bohrfliegen haben sich im Fruchtknoten auf recht egoistische Art dem Ursprung künftiger Wildstrauchgenerationen

genähert. Sie leben nicht nur von, sondern sogar auf Kosten ihrer pflanzlichen Wirtsleute. Dennoch reifen ausreichend Früchte heran, die den Fortbestand des Strauches sichern und von denen auch Vögel und Säugetiere profitieren: Einen besseren Wintervorrat als Beeren, Nüsse und andere Sämereien kann man sich gar nicht vorstellen. Jede Frucht hat dabei ihre speziellen Abnehmer, und die Konkurrenz ist groß. Haselmaus und Gartenschläfer, aber auch Kleiber und Buntspecht bevorzugen Haselnüsse, Rotkehlchen mögen besonders gern die Früchte des Pfaffenhütchens, Mönchsgrasmücken Holunderbeeren, und an Heckenkirschen sieht man Gimpel- und Kernbeißerversammlungen. Durch das ins Vogelauge fallende Fruchtangebot präsentieren sich Wildsträucher als absatzträchtiger Selbstbedienungsladen, der zu Lock- und Spottpreisen seine Produkte feilbietet. Gekauft wird aber nur im ganzen, d. h. Fruchtfleisch inklusive Same, und Vögel und Säugetiere zahlen dem Wildstrauch das günstige Herbst- und Winterangebot mit Leichtigkeit durch die Verbreitung der Samen aus.
Und was am Ende dabei herauskommt und flugs zu Boden fällt, ist dem jungen Keimling Dünger genug.
Und ohne die pflanzenfressenden Primärkonsumenten würde jede Nahrungskette schon an der Basis zusammenbrechen. Nehmen wir nur einmal als Beispiel die Blattlaus: Die uns unnützen und leidlich geduldeten Blattläuse saugen vom Wildstrauchsaft, sind ihrerseits aber wieder Nahrung für andere Tiere. Von Blattläusen ernähren sich etwa die Larven der nur wenige Millimeter großen Brackwespen. Doch diese Schlupfwespen, von denen es in einer Hecke bis zu 110 verschiedene gibt, werden wiederum Opfer eines weiteren Parasiten, der Zehrwespe. Und so kann es vorkommen, daß in einer äu-

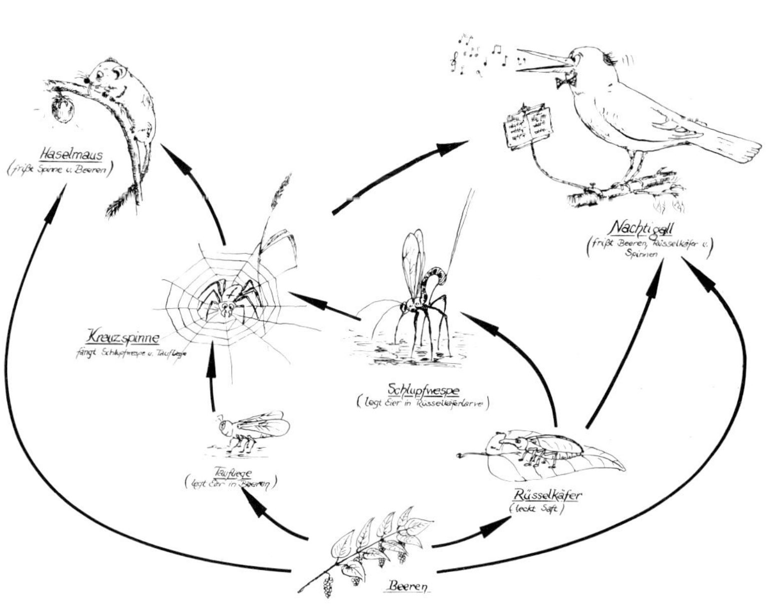

ßerlich intakten lebendigen Blattlaus eine Brackwespenlarve steckt, deren Überleben aber schon durch die Zehrwespenlarve in ihrem Körper zeitlich beschränkt ist. Wenn dies der Anfang unserer Beispielnahrungskette sein soll, dann brauchen wir auch ein Ende. Nehmen wir dazu den Distelfink, der die Blattlaus samt Inhalten selber frißt oder an seine frisch geschlüpften Jungen verfüttert.
Zwischen den Zweigen leben ungezählte Saftsauger, Blattfresser, Fruchtliebhaber und Blütenbesucher. In der geheimnisvollen Wildstrauchwelt erscheinen die seltsamsten Existenzen: Raupenfliegen, Raubfliegen, Goldwespen, Buschschrecken, Huschspinnen oder Prunkkäfer. Und es ist spannend, ihren Spuren zu folgen. So zahlreich und verwoben sind die Räuber-Beute-Verhältnisse unserer Wildsträucher, daß wir sie wohl nie ganz begreifen werden, und das nicht nur, weil sich oft in Kleinem und Aberkleinem das Überleben und Sterben abspielt.
Von Nahrungsstufe zu Nahrungsstufe vervielfacht sich die Individuenzahl, und ganz am Anfang muß das reiche Angebot an Früchten, Blättern und Blüten stehen, das darüber hinaus oft auch noch von einem „Endglied" zusätzlich genutzt wird. So ernährt sich das Rotkehlchen nicht nur von den auf Sträuchern lebenden Spinnen, Käfern und anderem Kleingetier, sondern frißt auch zusätzlich noch die Früchte des Strauches recht gern!
Dies alles ist praktischer Naturschutz. Jeder Wildstrauch im Garten ist ein Stück Lebensversicherung der Natur. Aber wir können dort auch bedrohten Wildsträuchern selbst helfen – auch sie werden selten! Das wären in Nordrhein-Westfalen folgende, derzeit auf der Roten Liste der vom Aussterben bedrohten Arten stehende Pflanzen: Gemeiner Seidelbast, Deutscher und Englischer Ginster, Eibe, Gemeine Zwergmispel, Gemeine Felsenbirne und Kornelkirsche. Sie in Natur miterhalten zu helfen ist Aufgabe für jedermann. Naturschutz aber fängt schon vor der Haustür an, mit Aufklärung und dem lebendigen Beispiel.
Wenn wir ein wenig mehr vom Wert der Wildsträucher wissen und wieder beginnen, in ganzen Kreisläufen zu denken, wird auch unsere Toleranz gegenüber vielem Natürlichen größer. Wen stören die paar Blattläuse am Schneeball, die Raupe des Segelfalters am Weißdorn? Weder an Blattläusen noch an Raupen gehen gesunde Wildsträucher ein. Ganz im Gegensatz dazu allerdings die anfälligen und empfindlichen Ziersträucher, deren Wachstumsschwierigkeiten bei uns oft nichts anderes sind als deutliche Zeichen für den falschen Standort oder die Quittung für jahrzehntelange einseitige Züchtung auf reine Äußerlichkeiten.

Bunte Vielfalt – das ganze Jahr hindurch

Die Blütenpracht einer Azalee währt kurz: kaum 10 Tage. Auch ansonsten herrscht im immergrünen Zierstrauchgarten wenig Abwechslung. Man möchte sagen, er sieht immer gleich langweilig grün aus, denn einen Herbst mit buntem Laubkleid oder einen Winter mit schönen Früchten und kahlen Zweigen kennt er meist nicht. Warum eigentlich natürliche Vielfalt gegen künstliche Monotonie, Lebendiges gegen Totes tauschen?

Die Palette unserer Wildsträucher, die so dekorativ sind und so viel Leben geben, holt unseren Augen die Abwechslung der Jahreszeiten wieder in den Garten: Von Anfang Januar bis Ende Dezember reicht das Jahr der Wildsträucher, in dessen buntem Kalender so viele verschiedene Früchte und Blüten Platz haben, daß jeder Monat neue farbenprächtige Überraschungen bietet. Im Winter leuchten unter weißen Schneehäubchen die roten Früchte der Hundsrose oder die des Gemeinen Schneeballs. Ab März erwacht das Knospenleben: Die Zweige der Kornelkirsche zeigen sich übersät mit Tausenden feiner, strahlend gelber Blütensterne, die Haselnuß verstreut aus daumenlangen Kätzchen gelbe Pollenmassen in den Wind, und auch Salweidenkätzchen zeigen sich in Gelb und Zartgrün. Ende April bis weit in den Mai hinein sprießt es dann weiß an den sich langsam begrünenden Dornenzweigen der Schlehe und zwischen dem Blattgrün der Heckenkirsche erscheinen blaßgelbe Blüten. Gleichzeitig erfüllt ein intensiver Duft den Garten: Der Weißdorn blüht und lockt mit attraktivem Geruch Tausende Insekten in sein Blütenmeer. Der Monat Juni bliebe für das Zartrosa oder Weiß der Hundsrose, wären da nicht die weißen Dolden von Schwarzem Holunder, Hartriegel oder Gemeinem Schneeball. Im Juli folgen Gemeine Waldrebe oder Gemeine Brombeere, und schon jetzt tauchen erste Früchte auf. Da lockt das grelle Rot des Traubenholunders kontrastreich zum Grün der Umgebung. Der August ist schließlich die Zeit des Waldgeißblatts, seine langen gelbrötlichen Trompetenblüten gehören zum Schönsten unserer heimischen Gewächse. Während es blüht und den beinahe letzten Akzent in unserer heimischen Blütenpracht setzt, ist woanders die Fruchtproduktion längst in vollem Gange: Rote Heckenkirsche, Schwarzer Holunder und Wolliger Schneeball reifen jetzt heran und bringen Rot und Schwarz ins Grün, das Pfaffenhütchen Orange und Gelb. Blau zwischen grünen Zweigen färben sich demnächst nun die Schlehenkugeln – zu einer Zeit, in der der Hartriegel bereits beginnt, mit intensiv blutroten Blättern und Zweigen den nahenden Herbst anzuzeigen. Überhaupt bricht ab September die bunteste Zeit im Jahr der Wildsträucher an. Je nach Strauchart offeriert die Natur im Herbstlaub von Gelb über Braun bis Rot die Palette warmer Farbtöne. Dazu schimmern, glänzen oder leuchten in allen Schattierungen braune, blaue, schwarze, rote, gelbe oder orangefarbene Früchte heimischer Sträucher bis weit in den Winter – Schönheiten unserer Natur.

Wildsträucher sind aber nicht nur schön, sondern auch interessant: Im zweiten Programm, bald im zwölften, läuft ein Film über die allerletzte Amazonas-Wildnis. Momentan wird die irrwitzige Konstruktion von Prachtbienenorchideen gezeigt und auf welch raffinierte Weise sie Prachtbienenmännchen beim Duftstoffsammeln zur Bestäubung zwingen. – Währenddessen öffnet das Waldgeißblatt, das – sei's drum – vor Ihrer Haustür wächst, mit nicht weniger betäubenden Duftstoffen seine Nektardrüsen für den Ligusterschwärmer, der im Schwirrflug seinen 4 cm langen Rüssel ausfährt, um in die enge Blütenpforte einzudringen. Doch sein Spezialnektar ist verschwunden, Hummeln und Bienen haben tagsüber die Blüte seitlich angestochen, ausgesaugt und somit die Blüte um die Befruchtung und den Ligusterschwärmer um seinen Arbeitslohn gebracht. Und daß eine Waldgeißblattblüte nur 3 Tage blüht, aber erst zwischen 19 und 20 Uhr und nur bis Mitternacht ihren verlockenden Duft verströmt – wer hat das gerochen?

Aufregung per Knopfdruck, abrufbar, sensationell, fremd und entfremdend. Oder eigenes Erschauen? Entdeckt werden oder selbst entdecken? Gelebt werden oder es selbst versuchen? Als ob Entfernung das wahre Maß für Aufregung wäre. Direkt vor der Haustür fängt es an, unglaublich zu werden. Wahre Wunder sind immer unglaublich und winzig. Und sie werden erst im nachhinein groß.

Zehn Argumente für Wildsträucher

Gegenüber den üblichen Ziersträuchern in unseren Gärten und Anlagen haben Wildsträucher eine Menge Vorzüge. Sie sind

- unempfindlich
  Die von Natur aus bei uns wachsenden Wildsträucher überstehen Wetter, Wind und Winterkälte ganz ohne Kataloggarantie mit Sicherheit besser als viele Ziersträucher, die von fremden Standorten, aus anderen Klimabereichen oder aus der Zucht kommen.
- dekorativ
  Die Schönheit unserer Wildsträucher liegt in Farbe und Form von Blüte und Blatt, Frucht und Zweig, in ihrer Vielfalt und ihrem ständigen Wechsel.
- abwechslungsreich
  Wildsträucher bringen das Jahr zurück in den Garten: im Frühjahr hellgrüne Knospen und reizvolle Blüten, im Sommer die verschiedenen Grüntöne der Blätter, vom Spätsommer bis in den Winter die verschiedenfarbigsten Früchte und wundervolle Herbstblätter in den verschiedensten Gelb-, Braun- und Rottönen.
- billig
  Der Wildstrauch „Wolliger Schneeball“ z. B. kostet in der Baumschule in 1 Meter Größe weniger als DM 10,–. Schneeball-Zuchtformen gleicher Höhe sind bis zu fünfmal teurer, für einen entsprechenden Rhododendron müßte man sogar das Zehn- bis Zwanzigfache rechnen.

– selten
Heute steht in fast jedem Garten eine Azalee oder eine Scheinzypresse. Das ist nichts Besonderes mehr. Wie wäre es abwechslungshalber mit einem heimischen Pfaffenhütchen? Es hätte zudem noch den Vorteil der hübschen rosa-orangefarbenen Früchte von August bis Oktober und der schönen purpurroten Herbstfärbung des Laubes.
– wertvoll
Wir haben viele unserer Wildsträucher durch Straßenbau, Flurbereinigung, Landwirtschaft und das Prinzip „Sauberkeit und Ordnung" fast ausgerottet, viele Arten sind mittlerweile vom Aussterben bedroht. Sträucher in Natur und Garten zu erhalten ist ein Stück praktischer Naturschutz.
– lebendig
Wildsträucher stecken voller Leben: Von A wie Ameise bis Z wie Zaunkönig. Was stören die paar Blattläuse am Schneeball oder eine Segelfalterraupe am Weißdorn? Sie leben und bringen wieder neues Leben. Fliegen, Mücken, Käfer und Spinnen sind Nahrung für Vögel und kleinere Säugetiere. Nehmen wir den Kleinen das Leben, töten wir indirekt auch Vögel und Säugetiere, Tiere, die wohl jeder gerne in seinem Garten sehen möchte.
– gesund
Da Wildsträucher im Garten anspruchsloser und widerstandsfähiger sind als Exoten und Züchtungen, können wir auf Kunstdünger und giftige Spritzmittel verzichten – Boden, Wasser und Luft bleiben sauberer.
– entspannend
Ein „Kunstgarten" ist ungleich aufwendiger als ein Naturgarten, er benötigt viel mehr Zeit für Pflegemaßnahmen wie Düngung, Rückschnitt, Spritzen – Zeit, die zum Ausruhen, zum Hinschauen, zum Vergnügen fehlt. Wildsträucher benötigen dagegen kaum Pflege. In einem solchen Naturgarten würde der streßgeplagte, rastlose Hobbygärtner zur belächelten Ausnahme gehören.
– lehrreich
Wildsträucher im Garten können auch lehrreich sein und unsere Kinder und uns selbst zur Naturliebe erziehen. Beobachten Sie nur einmal, was so alles in und um einen Holunderstrauch oder eine Hundsrose herum geschieht.

Kleine Wildsträucherpraxis

„Wenn ich wüßte, daß morgen die Welt untergeht, würde ich heute noch ein Apfelbäumchen pflanzen."

Martin Luther, Doktor der Theologie
Reformator (1483–1546)

Obwohl Wildsträucher viel robuster und widerstandsfähiger sind als aus fernen Landen stammende Sträucher und Bäume und auch nicht so vieler Pflege bedürfen wie diese, sollte man sich vor dem Anpflanzen von Wildsträuchern im Garten über einige Dinge im klaren sein. Zu welchem Zweck pflanze ich mir einen Strauch an? Wieviel Platz steht mir zur Verfügung? Reicht er auch noch in 10–15 Jahren aus? Welcher Standort ist vorhanden, und was gedeiht hier am besten?

Wildsträucher für jeden Zweck

Die Wahl der Wildsträucher wird im wesentlichen über den Zweck bestimmt, den sie erfüllen sollen: Spielen nur rein ästhetische Gesichtspunkte eine Rolle, soll der Strauch nur einen dekorativen Zweck erfüllen? Oder benötigen wir einen Schutz vor Lärm, Wind, Staub oder Einsicht von außen? Oder sollen gar bestimmte Tierarten angelockt werden? Soll eine Mauer, eine Hauswand oder eine andere kahle, unschöne Fläche begrünt werden? Oder muß eine Böschung mehr Halt bekommen? Liegt das Hauptinteresse gar an verwertbaren Früchten oder an Brennholz?
Je nach dem Zweck der Anpflanzung wird man sich für unterschiedliche Pflanzen und Pflanzformationen (Einzelsträucher, Buschgruppen, Hecken, Hausbegrünung, Piniersträucher) entscheiden (siehe dazu auch Tabellen Seite 38–39).

Einzelstrauch

Einzelsträucher wirken sehr dekorativ und empfehlen sich vor allem bei Platzmangel. Als Sicht-, Lärm- oder Windschutz eignen sie sich nur sehr begrenzt. Der dekorative Wert eines Einzelstrauches kann in seiner Wuchsform, seinen Blüten oder Früchten oder in Farbe und Form der Blätter liegen.

Buschgruppe

Buschgruppen lockern auf, geben tiefräumige Struktur und vergrößern so kleine Gärten optisch. Unübersehbar hohe Buschgruppen schaffen Raumunterteilungen und Abwechslung. Allerdings ist auch bei Buschgruppen die Immissionsschutzwirkung begrenzt. Für Vögel jedoch besitzen dicht ge-

Die Blüten der Traubenkirschen werden an warmen Frühlingstagen von Dutzenden von Insekten besucht. Aufnahme H. Reinhard

pflanzte oder zusammengewachsene Gruppen aus 3–5 speziell mit Dornen oder Stacheln bewehrten Sträuchern eine echte Schutzwirkung und werden gerne als Nistplatz angenommen.

Hecken

Hecken sind ideale Anpflanzungen gegen Lärm, Staub und Wind, gleichzeitig Sichtschutz sowie Lebensraum für Insekten, Vögel und kleine Säugetiere. Außerdem bieten sie – bei geeigneter Artenwahl – eine Menge Wildfrüchte und Brennholz. Die Früchte von $1^1/_2$ Dutzend Arten lassen sich auf köstlichste Weise nach verführerischen Rezepten zu Gaumenfreuden verarbeiten, von gut einem Dutzend fällt bei der anstehenden Heckenpflege ausgezeichnetes Brennholz an (Salweide, Holzbirne, Hainbuche, Traubenkirsche, Haselnuß oder Pfaffenhütchen), das langsamwüchsige Holz von Buchsbaum, Eibe, Hainbuche, Roter Hartriegel, Kornelkirsche, Gemeiner Kreuzdorn, Pfaffenhütchen, Stechpalme, Gemeiner Wacholder oder Eingriffeliger

Weißdorn ist wegen seiner Schwere, Festigkeit oder Zähigkeit, aber auch wegen seiner besonderen Maserung bei Tischlern und Drechslern beliebt.
Wie breit die Hecke sein darf, hängt vom Platz (und auch vom Nachbarn) ab. Einreihige Hecken werden mit dichterwüchsigen Arten bestückt, zweireihige können und sollten – je nach Standort – das ganze mögliche Wildstrauchspektrum beherbergen.

Hausbegrünung

Die Vorteile einer Fassadenbegrünung sind überzeugend: Pflanzenfassaden machen wohnlich grün, versorgen erholungssuchende Augen im Kontrast zu grauem Beton mit ruhig grüner Abwechslung, tragen zur Verbesserung der Sauerstoffproduktion bei, reduzieren schädliche Abgase, erhöhen die Luftfeuchtigkeit und verhindern die Aufheizung von Steinflächen an heißen Tagen. Im Sommer eine umweltfreundliche Kühlwand, im Winter die wärmespeichernde Heizdecke mit bis zu 30% Energieersparnis.
Vom Argument, Haft- und Kletterwurzeln würden Putz und Mauerwerk zerstören, muß man sich verabschieden: Grüne Fassaden wirken gerade umgekehrt und lindern wandbelastende Temperaturschwankungen, halten die Wände bei Regenwetter trocken und bei trockenem Wetter feuchter – alles zum Vorteil für die Haussubstanz. Insbesondere der Putz wird vor dem Zerfall geschützt und hält bis zu dreimal so lange.
Je nach Standort und Lage kann man verschiedene Arten zur Fassadenbegrünung wählen: Laubabwerfende Arten für die Süd- und Westseite, damit die im Winter einfallenden Sonnenstrahlen trotz Berankung das Haus erwärmen können. An Nord- und Ostseiten dagegen zwecks Isolierung immergrüne Arten.
Die Zahl spezieller Schling- und Kletterpflanzen unter unseren heimischen Sträuchern ist jedoch begrenzt. Empfehlenswert sind etwa der immergrüne Gemeine Efeu, die sommergrüne Gemeine Waldrebe und das Waldgeißblatt. Berankt wird je nach Art mit oder ohne Klettergerüst.

Pioniere

Zur schnelleren Begrünung offener Flächen haben sich einige Wildsträucher als besondere „Pioniere“ gezeigt. Sie schützen die Bodenkrume vor Wind- und Wassererosion und erhalten so nachfolgenden oder nachzupflanzenden Gehölzen den Wurzelraum, darüber hinaus bilden einige Sträucher in ihrem Wurzelgeflecht Symbiosen mit Bakterien oder Strahlenpilzen und reichern so den Boden mit Stickstoff an. Bodenaufwertend sind etwa Besenginster und Gelber Blasenstrauch, schnellwüchsig flächendeckend Schwarzer Holunder oder Salweide. Die flachwurzelnden Arten Kornelkirsche, Haselnuß, Wildapfel, Salweide und Schneeball eignen sich hervorragend zur Befestigung steiler Böschungen, aber auch tiefwurzelnde Arten wie Gelber Blasenstrauch, Weißdorn, Holzbirne, Hundsrose oder Gemeine Brombeere bekommen Hänge mit der Zeit fest in den „Wurzelgriff“.

Die Bestimmung des Standortes

Wenn wir uns im klaren sind, weshalb wir einen Strauch oder eine Hecke anpflanzen wollen, geht es an die Ortsbestimmung. Mögliche Standorte werden in Betracht gezogen, eine erste „Bepflanzung“ im Kopf vorgenommen. Wichtig dabei: Nicht nur überlegen, wo Platz ist, sondern auch, wo welcher geschaffen werden kann (indem etwa nach und nach Ziergrün durch Naturgrün ersetzt wird, zwischen Exoten Wildarten gepflanzt und die „Standortfremden“ nach Belieben mit den Jahren entfernt werden).
Beim Rundgang im Garten ist eine Skizze recht nützlich, in die abgeschrittene Flächen nach Länge und Breite für die ausersehenen Standorte eingetragen werden und anhand derer man dann den Pflanzenbedarf ersehen kann (das ist besonders wichtig beim Anpflanzen einer Hecke).
Eine grobe Beurteilung der Standortfaktoren Temperatur, Licht, Feuchtigkeit, Bodenmilieu und Nährstoffgehalt hilft, die richtigen Pflanzen auf den rechten Standort zu bringen.
(Im Bestimmungsteil dieses Buches sind bei den besprochenen Arten jeweils die bevorzugten Standortbedingungen angegeben.)

Temperatur

Kühl – Kühle, oft zugige und schattige Stelle mit den tiefsten Temperaturen am Tag und in der Nacht

Mittel – Mäßig warme, sonnige, nicht immer windgeschützte oder windgeschützte, halbschattige Stelle

Warm – Warme, windgeschützte, meist sonnige Stelle mit den höchsten Temperaturen am Tag und in der Nacht

Licht

Sonnig – Überwiegende oder ganztägige Sonneneinstrahlung

Mittel – Wechsel zwischen Sonne und Schatten, verhältnismäßig mehr Sonne

Schattig – Überwiegend Schattenfall

Feuchtigkeit

Trocken – Boden oft bis gelegentlich austrocknend, dann locker und staubig oder fest und hart, hellere Farbe

Frisch – Selten austrocknend, meist feucht. Beim Drücken einer Probe in der Hand tropft kein Wasser ab, dunklere Farbe

Feucht bis naß – Nie austrocknend, immer feucht. Beim Drücken einer Probe in der Hand tritt Wasser aus oder tropft ab, dunkelste Farbe

Bodenmilieu und Nährstoffgehalt

Den Bodenzustand kann man entweder indirekt über vorhandene Wildkräuter, die ebenso wie Wildsträucher bestimmte Bodenverhältnisse bevorzugen und damit anzeigen, oder aber über eine grobe Direktbestimmung mit einem pH-Papier vornehmen.

Alkalisch
über pH 6,5

Sauer Unter pH 5,5

Schwach sauer bis schwach alkalisch zwischen pH 5,5–6,5

Zeigerpflanze für saure Böden mittleren Stickstoffgehaltes ist z.B. der Ackerrettich oder Hederich (*Raphanus raphanistrum*).
Der Löwenzahn (*Taraxacum officinale*) deutet am häufigsten auf alkalische, nährstoffreiche Standorte, letzteres machen aber auch Große Brennessel (*Urtica dioica*) und Kleine Brennessel (*Urtica urens*) oder der Weiße Gänsefuß (*Chenopodium album*).
Stickstoffarmen Boden dagegen bevorzugt das Ackerhornkraut (*Cerastium arvense*).
(Mit einem guten Bestimmungsbuch zur Hand wird man bald eine ganze Anzahl solcher Zeigerpflanzen kennengelernt haben.)
Eine Grobbestimmung des Nährstoffgehaltes geschieht über die Fingerprobe: Sand (rauh und körnig, kaum Feinsubstanz, leicht) und Torf (grob und faserig, wenig Feinsubstanz, sehr leicht) enthalten wenig Nährstoffe, Lehm und Ton (glatt und schmierig, viel Feinsubstanz, schwer) einen hohen Nährstoffvorrat.
Wichtig noch der Humusgehalt, zersetztes und aufbereitetes organisches Material aus Pflanzen- und Tierresten, der Wasser und Nährstoffe speichert und den Boden auflockert. Grobes Bestimmungsmerkmal ist hier die Farbe: In der Regel sind bei gleicher Feuchtigkeit dunklere Böden humusreicher; von der Grundfarbe her hellbraune oder gelbliche Sandböden schlagen bei Humusreichtum ins Grau, Lehm und Ton ins Grauschwarze.
Exakte Aufschlüsse über Milieu, Stickstoffgehalt, Kalk, Spurenelemente usw. können nur kostenpflichtige Bodenanalysen bringen. (Kontaktadressen und Beratung bekommen Sie über Naturschutzorganisationen!)
Natürlich sind die Standortfaktoren voneinander abhängig, beispielsweise sind warme Standorte sonnig und oft trocken, feuchte oder nasse liegen eher im Schatten, ein flachgründiger Kalkboden oder ein Sandboden erwärmt sich schneller als ein tiefgründiger Lehmboden etc.

Nachbarschaftsprobleme vermeiden

Beziehen Sie – wenn möglich – bereits in der Planungsphase Ihre Nachbarn mit ein. Besser als die eigene Wildstrauchhecke im gehörigen – dem rechtmäßigen – Abstand ist die gemeinsame auf der Grenzlinie. Hecken sind lebendige Grenzzäune, die nicht trennen, sondern verbinden. Nur notfalls sollte man sich auf die von Rechts wegen vorgeschriebene Seite zurückziehen, wobei die Mindestabstände für jedes Bundesland individuell geregelt und von den Kommunen teilweise noch variiert werden.

„Schlehenschleier" künden das Frühjahr an. Aufnahme H. E. Laux

In Bremen und Hamburg darf man mit Sträuchern unmittelbar auf die Grenze, um 1/4 m muß man in Hessen, Niedersachsen, Rheinland-Pfalz und im Saarland zurückbleiben; in Baden-Württemberg, Bayern, Berlin, Nordrhein-Westfalen und Schleswig-Holstein ist es mindestens 1/2 m, bei stark und hoch wachsenden Arten teilweise mehr. Erkundigen Sie sich nach der Rechtslage beim Garten- oder Ordnungsamt. Laubfall, der Flug von Blüten oder Samen stellen dagegen auf rechtlicher Ebene in aller Regel seit jüngster Zeit keinen Klagegrund mehr dar. Der Nachbar müßte beweisen, daß die Sträucher ihn „erheblich schädigen", die Ansicht von der Schädigung des Menschen durch Naturkräfte hat sich aber mit der zunehmenden Schädigung der Natur durch den Menschen inzwischen so geändert, daß die Rechtspraxis diese Einschränkung heute kaum als zulässigen Klagegrund erklärt.

Die Qual der Wahl

Bei der Wahl der Wildsträucher für den Garten sprechen bereits rein ästhetische Gründe für eine möglichst abwechslungsreiche Zusammenstellung: vom Schlehenblau über Sanddornorange zu Pfaffenhütchenrosa, Kornelkirschenrot bis Waldrebenweiß. Zum Blütenfarbenspektrum im Frühjahr und Sommer kommen der bunte Fruchtkalender vom Herbst bis in den Winter, die unterschiedlichen Blattformen, die arteigenen intensiven Herbstfärbungen

von Braun über Gelb bis Rot in den verschiedensten Schattierungen. Möglichst verschiedenartige Sträucher vervielfältigen gleichzeitig die Lebensmöglichkeiten für Gartentiere. Jede Strauchart lockt andere Insekten, Vögel oder Säugetiere an, so daß eine Wildstrauchhecke aus verschiedenen Straucharten einigen hundert kleinen und großen Wesen Lebensraum schaffen kann. Bei der Zusammenstellung der Arten sollte man sich an den Lebensgemeinschaften in der Natur ein Beispiel nehmen. (Als kleine Hilfe finden Sie bei den einzelnen Strauchbeschreibungen aufgeführt, mit welchen anderen Arten sich der betreffende Strauch vergesellschaften läßt.)
Auf Arten mit ganz speziellen Standortansprüchen wie den Gagelstrauch oder die Rostrote Alpenrose, die Torfboden benötigen, sollte man von vornherein verzichten – es sei denn, man hätte natürlicherweise Torfboden im Garten. Jede Pflanze braucht ihren Lebensraum, und man kann es sich nicht leisten, den Naturlebensraum für ein Stück Ersatzgartenlebensraum zu opfern. So müssen Hochmoore dableiben und das bleiben, was sie sind. Auf ihren Verkauf per Torfsack in den Garten können wir leicht verzichten (zumal es über eine vernünftige Kompostierung oder über Rindenprodukte gängige Alternativen gibt).
Ob wir Sträucher, deren Zweige, Blätter oder Früchte Giftstoffe enthalten, in unseren Garten pflanzen sollen oder nicht, muß man von Fall zu Fall entscheiden: Den Gemeinen Seidelbast oder das Pfaffenhütchen wird man nicht gerade als Eingrünung für Kinderspielplätze nehmen, auch Arten, die leuchtende und obendrein noch süß schmeckende, jedoch giftige Früchte tragen , gehören nicht hierher. Der Gemeine Liguster, eine äußerst beliebte Heckenpflanze, ist ebenfalls nicht ganz ungefährlich: Beim Verzehr größerer Fruchtmengen können Vergiftungserscheinungen auftreten. Der Körper wehrt sich auf ungenießbare oder giftige Früchte meist mit Übelkeit und Erbrechen und gibt so ein deutliches Warnzeichen, ihm sei etwas Ungutes widerfahren. So kommt es in der Regel selten zu tatsächlich schweren Vergiftungen und so gut wie gar nicht zu Todesfällen. Dennoch ist im Umgang mit den als ungenießbar oder giftig bezeichneten Wildsträuchern und ihren Früchten Vorsicht und ggf. auch der Verzicht angebracht. – Andererseits hätten wir dann aber auch eine Reihe giftiger Ziersträucher aus Gärten und Anlagen zu entfernen, etwa den Goldregen, Kirschlorbeer und Schneebeere.
Verschiedene Wildsträucher scheinen größere Widerstandskräfte gegen schlechte Luft (R) und die winterliche Straßenversalzung (Sa) zu haben. Die vom Bund deutscher Baumschulen (BdB) angegebenen Arten sind:
Gelber Blasenstrauch (R, Sa), Gemeine Brombeere (R), Gemeiner Efeu (R), Eibe (R), Faulbaum (R, Sa), Hainbuche (R), Roter Hartriegel (R), Haselnuß (R), Rote Heckenkirsche (R), Heidekraut (R), Schwarzer Holunder (R, Sa), Traubenholunder (R), Holzapfel (R), Kornelkirsche (R), Gemeiner Kreuzdorn (R, Sa), Gemeiner Liguster (R), Pfaffenhütchen (R), Salweide (R), Sanddorn (R, Sa), Schlehe (R), Wolliger Schneeball (Sa), Gemeiner Seidelbast (R), Stechpalme (R), Traubenkirsche (R), Gemeiner Wacholder (R), Gemeine Waldrebe (R).
Doch Vorsicht: Über ein kritisches Maß hinaus sind selbst robuste Wildsträucher gegen Umweltschäden und Schädigungen nicht gefeit. Gegen menschenverursachtes Waldsterben hat die Natur kein Rezept und keinen Wildstrauch bereit – nur den Menschen.

Im Herbst leuchten überall die farbenprächtigen Früchte der Wildsträucher. Hier die roten Früchte des Gemeinen Schneeballs. Aufnahme H. Reinhard

Die Frage, welcher Strauch besonders krankheitsanfällig sei, ist beim Anpflanzen von Ziersträuchern berechtigt, beim Anpflanzen von Wildsträuchern unnötig. In guten Blattlausjahren sitzen zwar die Triebspitzen von Schwarzem Holunder, Gemeinem Schneeball oder Pfaffenhütchen reichlich voll der kleinen grünen oder schwarzen Saftsauger, deren im Überfluß abgesonderte, stark zuckerige Ausscheidungen auch tiefer sitzende Blätter mit klebrigen Sprenkeln überziehen, oder es kommt vor, daß die Raupen des Schlehenspinners ihren Futterstrauch blattleer fraßen und die kahlen Triebe jetzt wie tot aussehen, doch bedeuten Blattlaus und Raupenfraß keine Krankheit, unser Wildstrauch wehrt sich ihrer mit vergällenden Geschmackstoffen und zweifelsfalls mit kräftigem Neuaustrieb gegen tierische Nutznießer. Solcher Insektenbefall mag unnütz, sogar schädlich scheinen, aber daran hätten wir uns mit der Natur zu gewöhnen: Es geht und kommt, frißt und wehrt sich manches von selbst. So wie manche Blattlaus und Raupe und ihre Exkremente manche Schlupfwespe und Fliege ernähren und alles zusammen so manchen Gartenvogel.

Tatsächlich Malessen mit Krankheiten verursachen eher Viren, Pilze und Bakterien. Aber auch hiergegen sind Wildsträucher anders als viele Kultur- und Zuchtgewächse kaum nennenswert empfindlich. Nichtsdestotrotz können sie unter bestimmten Kulturbedingungen dem Menschen mißliebig werden, etwa die Berberitze als Überträger des Getreiderostes oder der Weißdorn als Wirt für den Feuerbrand, der in Obstplantagen nicht erwünscht ist. Doch wären Anfälligkeit gegenüber bestimmten Infektionen niemals Grund genug, bestimmte Wildsträucher generell aus der Landschaft und vor allem aus den Gärten zu verbannen. Gerade dort können sie, wie die Berberitze, einen guten und gesicherten Standplatz einnehmen. Den richtigen, versteht sich, denn falls Ihr Heidekraut an Wurzelfäule leidet, muß es nicht unbedingt am Heidekraut liegen, sondern meist am verfestigten Boden.
Ausgehend von Ihren Standortbedingungen können Sie nun aus den natürlichen Standortangaben (siehe nachfolgende Tabelle) die Arten heraussuchen, die wahrscheinlich bei Ihnen am besten wachsen: Wenn also Ihr Standort

Bevorzugte Standortbedingungen

	Licht	Temperatur	Feuchtigkeit	Milieu	Stickstoffgehalt
Rostrote Alpenrose	halbschattig–sonnig	kalt	feucht	sauer	stickstoffarm
Berberitze	sonnig	mittel–warm	mittel	basisch	stickstoffarm
Besenginster	sonnig	mittel	trocken–mittel	sauer	stickstoffarm
Gelber Blasenstrauch	halbschattig	warm	trocken	basisch	stickstoffarm
Blaubeere	schattig–halbschattig	kalt–mittel	feucht	sauer	stickstoffarm
Gemeine Brombeere	keine	mittel–warm	mittel–feucht	keine	mittel–stickstoffreich
Buchsbaum	halbschattig	warm	trocken–mittel	basisch	mittel
Gemeiner Efeu	schattig–halbschattig	mittel	mittel	basisch	keine
Eibe	schattig–halbschattig	mittel	mittel	basisch	mittel
Faulbaum	halbschattig	kalt–mittel	feucht	sauer	stickstoffarm
Gemeine Felsenbirne	sonnig	warm	trocken	basisch	stickstoffarm
Gagelstrauch	sonnig	mittel	feucht	sauer	stickstoffarm
Hainbuche	schattig–halbschattig	mittel	mittel	mittel	mittel
Roter Hartriegel	sonnig	mittel	mittel	basisch	stickstoffreich
Haselnuß	halbschattig	mittel	mittel	basisch	mittel–stickstoffreich
Rote Heckenkirsche	halbschattig	mittel	mittel	basisch	stickstoffreich
Heidekraut	sonnig	keine	trocken–mittel	sauer	stickstoffarm

	Licht	Temperatur	Feuchtigkeit	Milieu	Stickstoffgehalt
Himbeere	sonnig	mittel–warm	mittel	keine	stickstoffreich
Schwarzer Holunder	sonnig	mittel	mittel	sauer–mittel	stickstoffreich
Traubenholunder	halbschattig	mittel	mittel	mittel	stickstoffreich
Holzapfel	sonnig	mittel	mittel	mittel–basisch	mittel
Holzbirne	mittel–sonnig	mittel–warm	trocken	basisch	mittel
Hundsrose	sonnig	mittel	mittel–trocken	mittel–basisch	keine
Schwarze Johannisbeere	schattig–halbschattig	mittel	feucht	mittel	stickstoffreich
Kornelkirsche	halbschattig–sonnig	warm	trocken–mittel	basisch	mittel
Gemeiner Kreuzdorn	sonnig	mittel	trocken–mittel	basisch	mittel
Gemeiner Liguster	sonnig	mittel–warm	mittel	basisch	stickstoffreich
Mispel	halbschattig–sonnig	warm	trocken–mittel	mittel–basisch	mittel
Mistel	sonnig	mittel	keine	keine	keine
Pfaffenhütchen	halbschattig	mittel	mittel	basisch	mittel
Rispelstrauch	sonnig	mittel	feucht	basisch	stickstoffarm
Salweide	sonnig	kalt	mittel	mittel–basisch	mittel–stickstoffreich
Sanddorn	sonnig	mittel	mittel	basisch	stickstoffarm
Schlehe	sonnig	mittel–warm	trocken	basisch	stickstoffarm
Gemeiner Schneeball	mittel	mittel	feucht	mittel–basisch	mittel
Wolliger Schneeball	sonnig	mittel	trocken–mittel	basisch	mittel
Gemeiner Seidelbast	schattig–halbschattig	kalt	mittel	basisch	mittel
Stachelbeere	schattig–halbschattig	mittel	mittel–feucht	mittel	mittel
Stechpalme	schattig–halbschattig	mittel	mittel	basisch–mittel	mittel
Traubenkirsche	halbschattig	mittel	feucht	mittel	mittel–stickstoffreich
Gemeiner Wacholder	sonnig	keine	trocken–mittel	keine	stickstoffarm
Waldgeißblatt	halbschattig	mittel	mittel	sauer–mittel	mittel
Gemeine Waldrebe	sonnig	warm	mittel	mittel–basisch	stickstoffreich
Eingriffeliger Weißdorn	sonnig	mittel	trocken–mittel	basisch	stickstoffarm
Gemeine Zwergmispel	sonnig	mittel–warm	trocken	basisch	stickstoffarm

Platzbedürfnis – Pflanzformation – Resistenz – Schnitt – Vermehrung

	Wuchshöhe (in m)				Einzel-strauch		Hecke		Sonder-form	Resistent		Vermehrung		
	bis 1	1–3	3–5	über 5		1reihig	2reihig	3reihig		Salz	Ab-gase	Schnitt	Aussaat	Steck-linge
Rostrote Alpenrose	×	(×)			×				Pionier			S		VI–VII
Berberitze	(×)	×	(×)		×	×	×	×				S	III–IV	
Besenginster	×	×			×				Pionier			S	V	
Gelber Blasenstrauch	(×)	×	(×)		×		×	×	Pionier	Sa	R	S	V	
Blaubeere	×											S		
Gemeine Brombeere	(×)	×	(×)			×	×	×	Pionier Kletterer		R	S	III, IX, X	
Buchsbaum	×	×	(×)		×	×	×	×				S		III–IV
Gemeiner Efeu			×		×		×	×	Kletterer		R			VIII–IX
Eibe		(×)	×	×	×			×			R	S		
Faulbaum	(×)	×	(×)					×		Sa	R	S, A	VIII–XI	
Gemeine Felsenbirne	×	×			×				Pionier				VIII	
Gagelstrauch	×	(×)							Pionier				VI–VIII	
Hainbuche			×	×	×	×	×	×			R	S, A	VIII	
Roter Hartriegel		×	×			×	×	×			R	S, A	III	
Haselnuß		×	×	(×)	×	×	×	×	Pionier		R	S, A	X–XII	
Rote Heckenkirsche		×	(×)		×		×	×			R	S, A	VIII–IX	
Heidekraut	×	(×)							Pionier		R	S	X–XI	VIII
Himbeere	×	(×)				×	×	×	Pionier			S	III, IX–X	
Schwarzer Holunder		×	×	(×)	×		×	×	Pionier	Sa	R	S, A	III–IV	
Traubenholunder		×	(×)					×	Pionier		R	S, A	III–IV	
Holzapfel		×	×	(×)	×		×	×			R	S	X–XI	
Holzbirne		×	×	(×)	×		×	×				S	X–XI	
Hundsrose		×	×		×	×	×	×	Pionier			S	III, X–XI (2. Jahr)	
Schwarze Johannis-beere	×	(×)				×	×	×				S		III–IV
Kornelkirsche		×	×	(×)	×	×	×	×			R	S	X (2. Jahr)	
Gemeiner Kreuzdorn		×	(×)		×		×	×		Sa	R	S	IX–XI	

Gemeiner Liguster	(×)	×	(×)			×	×	×			R	S, A	XI–I	
Mispel		×	×	(×)	×		×	×				S	XI–XII	
Mistel	×												XI–XII	
Pfaffenhütchen		×	×	(×)	×	×	×	×			R	S, A	IX–X	
Rispelstrauch	×	(×)							Pionier					
Salweide		×	×	(×)	×	×	×	×	Pionier		R	S, A	VI	II–III
Sanddorn		×	(×)		×				Pionier	Sa	R		III	
Schlehe	×	×				×	×	×			R	S, A	IX–X	
Gemeiner Schneeball		×	×		×		×	×				S, A	IV–V	
Wolliger Schneeball		×	×		×		×	×		Sa		S, A	IV–V	
Gemeiner Seidelbast	×	(×)			×						R		VI–VII	
Stachelbeere	×	(×)				×	×	×				S		
Stechpalme	×	×	(×)		×			×			R	S	IX–X (2. Jahr)	
Traubenkirsche			×	×	×		×	×			R	S, A	VII–VIII	
Gemeiner Wacholder	×	×	×	×	×		×	×	Pionier		R	S		
Waldgeißblatt		×	×	×	×			×	Kletterer			S		
Gemeine Waldrebe	×	×	×	×	×		×	×	Kletterer		R	S	III	
Eingriffeliger Weiß- dorn		×	×	(×)	×	×	×	×				S, A S	X (2. Jahr) I–II	
Gemeine Zwerg- mispel	×	(×)			×	×	×	×						

× typisch
(×) seltener
S Schnittverträglich
A „Auf den Stock setzen" möglich
I–XII möglicher Termin zur Aussaat oder Stecklingsvermehrung

feucht, mäßig sonnig und bei lehmigem Boden nährstoffreich ist, würden Sie zum Zweck der Uferbegrünung und Befestigung etwa Salweide, Gemeine Traubenkirsche, Gemeinen Schneeball, Gemeine Brombeere wählen, dazu als Kletterpflanze vielleicht noch den Gemeinen Efeu. Wollen Sie dagegen einen trockenen Steinhang in vollsonniger Lage besetzen, böten sich Schlehe, Eingriffeliger Weißdorn und Kornelkirsche an, geeignet als Kletterpflanze wäre die Gemeine Waldrebe. Doch selbst ein äußerlich weitgehend uniformer Standort wie jener sonnige Steinhang unterscheidet sich noch in Einzelmerkmalen: Da gibt es eine Sonnen- und eine Schattenseite, etwas weiter oben wird er trockener als unten sein usw., hierauf sollte man schon bei der Pflanzenauswahl achten und später entsprechend pflanzen. Für die Tabelle ist zu berücksichtigen, daß dort nur die Optimalstandorte aufgeführt sind und eine ganze Reihe Wildsträucher in weiten Bereichen anpassungsfähig sind, was Sie alleine daran sehen, daß in der freien Landschaft Arten unter ganz anderen Bedingungen vorkommen. Trotzdem kann man der Tabelle Anhaltspunkte für die standortgerechte Pflanzenauswahl entnehmen, so daß Sie nicht den Sanddorn in sauren Torf oder den Wacholder in den Schatten setzen – denn das vertragen beide tatsächlich nicht gut.
Nach der standortgerechten Strauchauswahl läßt sich das Strauchspektrum noch weiter für Ihre spezifischen Bedürfnisse einschränken. Je nach Platz, Pflegebereitschaft und Nutzerinteresse werden Sie sich für niedrigere oder höhere Arten, dekorative Einzelpflanzen, eine Buschgruppe oder eine ein- bis mehrreihige Hecke entscheiden, für Sträucher, die besonders stark belastbar sind, die Sie notfalls bis „auf den Stock" runterschneiden können, die sich in Form von Wildfrüchten oder Holz nutzen oder sogar von eigener Hand vermehren lassen. Die Tabelle Seite 38–39 zeigt Ihnen auf einen Blick, wie hoch die einzelnen Wildsträucher werden, für welche Pflanzformation sie sich am besten eignen, ob sie besonders resistent gegen Luftverschmutzung oder Streusalz sind, ob sie einen Rückschnitt vertragen und wie sie vermehrt werden können.
Und da das Aussehen des Strauches, vor allem seine Blütenfarbe, Blatt- und Fruchtfärbung und das Erscheinen von Blüten und Früchten eine nicht unwichtige Rolle beim Anpflanzen von Wildsträuchern spielen, seien diese Daten hier ebenfalls zur schnellen Überschaubarkeit zusammengestellt (siehe gegenüberliegende Tabelle).
Legen Sie für Ihren Garten, nach Ihrem Standort und Ihren Bedürfnissen, eine „Wunsch"-Pflanzenliste an. Je mehr Sie vor dem Kauf wissen, je besser Sie vorbereitet sind, desto eher werden Sie das bekommen, was zu Ihnen paßt.
Wildsträucher kann man ab Oktober direkt nach dem Laubfall den ganzen Herbst über, bei Nadelgehölzen schon ab September, pflanzen, aber auch an frostfreien Wintertagen bis hinein in den frühjährlichen Laubaustrieb Ende April, Anfang Mai. Damit in Ihrer Wildstrauchquelle dann auch die gewünschten Pflanzen parat stehen, besser 1–2 Monate vorher nachfragen.

Blüten-, Blatt- und Fruchtfärbung

	Blüte			Frucht		Blatt
	Form	Farbe	Blühzeit	Farbe	Fruchtzeit	Herbstfärbung
Rostrote Alpenrose		Rot	V–VI	Braun	VI–IX	Rostrot
Berberitze		Gelb	V–VI	Rot	VIII–X	Gelbgrün
Besenginster		Gelb	V–VI	Braun	VIII–X	Gelb
Gelber Blasenstrauch		Gelb	V–VIII	Braun	VIII–X	Gelbbraun
Blaubeere		Grün	V–VI	Blau	ab VII	Blutrot
Gemeine Brombeere		Weiß	VI–VIII	Blau	VII–XI	Braunorange Tiefrot
Buchsbaum		Gelb	III–V	Braun	V–VII	Immergrün
Gemeiner Efeu		Grün	VIII–X	Schwarz	III–IX	Immergrün
Eibe		Gelb, Grün	III–V	Rot, Braun	IX–X	Immergrün
Faulbaum		Weiß	V–VIII	Schwarz	VII–XI	Gelbrot
Gemeine Felsenbirne		Weiß	IV–V	Blau	VII–VIII	Orange bis Scharlachrot
Gagelstrauch		Rot, Grün	III–V	Braun	VI–VIII	Braungrün
Hainbuche		Grün, Rot	V–VI	Braun	X	Leuchtendgelb
Roter Hartriegel		Weiß	V–VI	Blau	VIII–X	Blutrot
Haselnuß		Gelb, Rot	II–IV	Braun	VIII–X	Gelbbraun
Rote Heckenkirsche		Weiß	V–VI	Rot	VI–VII	Gelbgrün
Heidekraut		Rot	VII–IX	Braun	ab VIII	Braunrot
Himbeere		Weiß	V–VIII	Rot	VII–IX	Gelb
Schwarzer Holunder		Weiß	VI–VIII	Schwarz	VIII–IX	Gelblich
Traubenholunder		Gelb	IV–V	Rot	VI–VIII	Gelb

	Blüte			Frucht		Blatt
	Form	Farbe	Blüh-zeit	Farbe	Frucht-zeit	Herbst-färbung
Holzapfel		Weiß	V–VI	Gelb, Grün	ab IX	Gelbbraun
Holzbirne		Weiß	IV–VI	Gelb, Grün	ab IX	Gelbbraun
Hundsrose		Weiß	V–VII	Rot	IX–X	Gelbgrün
Schwarze Johannisbeere		Grün	IV–V	Schwarz	VI–VII	Gelbbraun
Kornelkirsche		Gelb	II–IV	Rot	VIII–X	Gelb
Gemeiner Kreuzdorn		Grün, Gelb	V–VI	Schwarz	IX–XI	Gelbgrün
Gemeiner Liguster		Weiß	VI–VII	Schwarz	VIII–IX	Violettbraun
Mispel		Weiß	V–VI	Braun	IX–X	Dunkelgelb bis Braunrot
Mistel		Grün	III–IV	Weiß	XI–XII	Immergrün
Pfaffenhütchen		Grün	V–VI	Rot-Orange	VIII–X	Purpurrot
Rispelstrauch		Rot	V–IX	Braun	VII–X	Gelbgrün
Salweide		Gelb, Grün	III–IV	Braun	VI–VII	Gelbbraun
Sanddorn		Grün, Braun	IV–V	Orange	IX–X	Gelbbraun
Schlehe		Weiß	IV–V	Blau	IX–X	Gelb-Bräunlich
Gemeiner Schneeball		Weiß	V–VI	Rot	IX–X	Rot bis Rotbraun
Wolliger Schneeball		Weiß	V–VI	Schwarz	VIII–IX	Rötlichbraun
Gemeiner Seidelbast		Rosa-rot	III–IV	Rot	VI–VII	(Gelb)grün
Stachelbeere		Grün	IV–V	Gelbgrün	Vi–VII	Gelbrot
Stechpalme		Weiß	V–VI	Rot	IX–X	Immergrün

	Blüte			Frucht		Blatt
	Form	Farbe	Blüh-zeit	Farbe	Frucht-zeit	Herbst-färbung
Traubenkirsche		Weiß	V–VI	Schwarz	VII–VIII	Rot, Gelb
Gemeiner Wacholder		Gelb, Grün	IV–V	Blau	IX–X	Immergrün
Waldgeißblatt		Gelb	VI–VIII	Rot	VIII–IX	Bräunlichgrün
Gemeine Waldrebe		Weiß	VI–VIII	Braun	VII–IX	Gelb
Eingriffeliger Weißdorn		Weiß	V–VI	Rot	IX–X	Gelbbraun
Gemeine Zwergmispel		Rot	IV–V	Rot	VI–VIII	Gelbrot

Wildsträucher ja – aber woher?

Üblicherweise führen Baumschulen und Großgärtnereien kein großes Wildsträucherangebot. An Wildsträuchern sind nicht selten nur eine Handvoll Arten vorhanden, etwa Wolliger Schneeball, Gemeiner Liguster, Pfaffenhütchen oder Sanddorn. An selteneren Arten wie Gemeiner Kreuzdorn, Holzapfel, aber gleichfalls an Allerweltsarten mangelt es vielerorts. Weil sie nicht attraktiv genug sind? Oder zu billig? Der Blick in den Hochglanzkatalog wird es Ihnen bestätigen: Teure und exotische Sträucher und Züchtungen sind am leichtesten zu bekommen. Auch der Gemeine Seidelbast steht auf fast allen Listen, er kostet ja auch runde 30 Mark. Doch bleibt er vom Preis her mit der einzige „Exot" unter den Wildsträuchern, selten muß man pro Art und Strauch mehr als 10 Mark ausgeben – eher weniger. (Ziersträucher gleicher Größe und ähnlicher Art bezahlen sich bis zu fünffach teurer.)
Auf jeden Fall sollten Sie rechtzeitig vor Pflanzbeginn bei Ihrem Gärtner nachfragen, vieles Fehlende kann auf Wunsch besorgt werden (siehe auch Bezugsquellen auf Seite 156).
Achten Sie aber darauf, daß Sie auch tatsächlich eine heimische Art bekommen. Nicht alles mit deutschem Namen kommt auch von da. „Schneeball" heißen auch asiatische Exoten und Zuchtformen. Mit unserem Gemeinen Schneeball oder dem Wolligen Schneeball haben sie nicht einmal mehr das Aussehen gemein. Deutsche Namen werden gern mißbraucht und gewechselt und verwechselt. Deshalb: Auch wenn's schwerfällt, prägen Sie sich den lateinischen Artnamen ein, also *Viburnum* für Schneeball und *opulus* für Gemeiner Schneeball. Aber nicht etwa jetzt auf *Viburnum opulus sterile* reinfal-

len, das wäre schon wieder ein unfruchtbarer Zierstrauch. Mit ein wenig Fachlatein können Sie dann in der Gärtnersprache ein Wörtchen mitreden und Verwechslungen vorbeugen.
Und dann taucht auch schon ein weiteres Problem auf: Nehme ich eine Jungpflanze, leichte Sträucher oder Sträucher, letztere mit oder ohne Ballen? Zu Ihrer Hilfe hier einige Erklärungen:
Jungpflanzen sind 1- bis 2jährig, zwischen 30–120 cm, nicht oder nur einmal verschult (verpflanzt). Sie eignen sich für Freilandhecken und extrem steinige Böden.
Vorteil: Günstiger Preis, auf schlechten Böden bessere Anwachswahrscheinlichkeit.
Nachteil: Dünner Wuchs, geringe Grundverzweigung, höherer Pflegeaufwand, kleiner Wurzelballen, oft nur zu 10, 25 oder 50 Stück gebündelt.
Leichte Sträucher sind 1- bis 2jährig, 40–150 cm, ein- bis zweimal verschult. Sie eignen sich als Einzelpflanzen, aber auch für Hecken.
Vorteil: Stärkerer Wuchs, bessere Grundverzweigung, größerer Wurzelballen, geringere Pflege.
Nachteil: Höherer Preis, teils nur zu 10 gebündelt.
Sträucher sind 3- bis 4jährig, 40–250 cm, zwei- bis dreimal verschult. Sie eignen sich vor allem als Einzelpflanzen.
Vorteil: Starker Wuchs, gute Grundverzweigung, großer Wurzelballen, Ballenformen unproblematisch verpflanzbar, geringste Pflege, Einzelabgabe.
Nachteil: Hoher Preis.
Solitärsträucher: 3- bis 4jährig, 40–250 cm, als Einzelpflanze gezogen, daher noch kräftiger und arttypischer.
Vorteil: Starker Wuchs, gute Grundverzweigung, großer Wurzelballen, Ballenformen unproblematisch verpflanzbar, geringste Pflege, Einzelabgabe.
Nachteil: Höchster Preis.
Es kommt also ganz auf die Ansprüche, die Geduld, den Geldbeutel, die Pflegebereitschaft und den Standort an. Wichtig noch zu wissen, daß größere Sträucher zwar schneller der hemmenden Krautschicht entwachsen, aber schlechter anwurzeln als kleine. Kleine dagegen müssen wegen ihrer geringen Wurzelbildung verhältnismäßig noch mehr zurückgeschnitten werden als große und brauchen deshalb noch länger zum Erwachsenwerden.
Falls Ihre Baumschule versagt, im Gartencenter niemand hilft oder Sie Zeit und Lust zum Experimentieren haben: Selbst ist die Natur. Folglich beim Spaziergang die Augen auf das am Wegrand Wachsende. Sammelbare Samen bietet die Wildstrauchnatur von Spätsommer bis Herbst bei allen Arten, die jeweiligen Reifetermine entnehmen Sie den Einzelbeschreibungen, besser aber Ihrer praktischen Erfahrung, denn regionale Unterschiede bestehen innerhalb der angegebenen Zeitspannen.
Nach dem Bundesnaturschutzgesetz ist es verboten, ohne vernünftigen Grund wildwachsende Pflanzen zu entnehmen oder zu nutzen oder ihre Bestände niederzuschlagen oder auf sonstige Weise zu verwüsten. Speziell gilt dies für geschützte Arten. Derzeit bundesweit gefährdet sind etwa Schwarze Johannisbeere, Filzige Zwergmispel, Lorbeer-Seidelbast und Apfelrose. Einzelne Bundesländer haben abweichende Bestimmungen. Bayern schützt Gemeinen Seidelbast, Gemeinen Wacholder, Sanddorn, Rostrote Alpenrose und andere, in Niedersachsen und Bremen sind gefährdet Berberitze, Ge-

Auch im Herbst bietet die Hasel mit ihrem gelbbraunen Laub einen schönen Anblick. Aufnahme H. E. Laux

meiner Seidelbast, Gemeiner Wacholder, Ackerrose, Felsenbrombeere, in Hessen Preisel- oder Moosbeere.
Sie werden sich daran nicht vergreifen, es sei denn, diese Arten wären bereits Gartenpflanzen! Bei den anderen Arten dürfen Sie natürlich das tun, was jeder Amsel im Herbst zusteht oder prinzipiell zur Heckenpflege gehört: einige wenige Früchte entnehmen oder Zweige zur Stecklingsvermehrung. Beides kann, wie die Natur, eine Kunst für sich sein und vor allem für jeden Strauch anders.
In der Samenbehandlung orientiert man sich am besten am Vorbild Natur. Samen mit Fruchtfleisch (Beeren, Steinfrüchte) werden gewöhnlich von Tieren gefressen und auf diese Weise verbreitet. Im Verdauungskanal zersetzen sich wachstumshemmende, die sofortige Keimung hindernde Stoffe im Fruchtmantel, so daß der Samen nach der Ausscheidung direkt zu keimen vermag. Bei künstlicher Vermehrung also muß man das keimhemmende Fruchtfleisch entfernen (entweder durch vorsichtiges Ablösen von Hand oder indem man die Früchte einige Tage bis Wochen verrotten läßt, bis die

Samen freikommen. Bei der Verrottungsmethode ist es wichtig, für gute Belüftung zu sorgen und die Früchte ab und zu umzuwenden). Die von Fruchtresten befreiten Samen werden dann zum günstigsten Zeitpunkt ins Freiland gesät. In der Baumschulpraxis geschieht dies, um Winterverluste durch Mäuse und Vögel zu umgehen, entgegen dem natürlichen Zyklus zuweilen erst im Frühjahr.
Zur Samenaufzucht eignen sich am besten Böden aus lehmigem Sand mit hohem Humusanteil oder stark humoser Sandboden, die nicht zuviel Nährstoffe enthalten dürfen, aber genügend Feuchtigkeit speichern können. Ist derartiger Boden nicht vorhanden, nehme man sich etwas Erde vom natürlichen Standort des Strauches mit und versucht es damit.
Nicht alle Sämlinge keimen, und auch die Keimungsdauer variiert beträchtlich. Jede Strauchart hat ihre Verbreitungsstrategie: Die Salweide etwa keimt fast 100 %ig schon nach 12 Stunden, Weißdorn teils im ersten, aber auch noch bis ins 3. Jahr nach der Saat. Der langsamwüchsige und sich von Jahr zu Jahr über kurze Strecken verbreitende Weißdorn überbrückt damit schlechte Jahre, während sich die schnellwüchsige und außerordentlich weit verbreitete Salweide Ausfalljahre leisten kann oder immer neue Standorte findet. Manche Pioniere, etwa der Besenginster, die unter extremen Bedingungen keimen müssen, erhalten sich ihre Keimkraft u. U. über 20 Jahre und überleben so notfalls in ihren Samen 1–2 Dürrejahrzehnte – was den Besenginster nicht gerade zum Liebling des Saatgärtners macht. Ein Trost: Er kann auch früher kommen.

Teilweise gelingt im Freiland sogar die Vermehrung über Triebstecklinge von belaubten Trieben diesjährigen Holzes. Suchen Sie junge, kräftige Sträucher, und schneiden Sie im unteren Teil des Strauches – vorzugsweise morgens – Stücke von 4–8 cm Länge und bis Fingerdicke direkt unterhalb eines Knotens ab. Pflanzen Sie diese Stecklinge nun zu ca. 1/3 ein, drücken Sie sie gut an, und halten Sie den Boden stets feucht (nicht naß!). Die Stecklinge eventuell noch unter halboffener Folie oder Plane oder einer umgedrehten Spanholzkiste vor zuviel direkter Sonne und rascher Verdunstung schützen. Nach der Bewurzelung und dem Laubaustrieb sollte man die jungen Sträucher langsam an normale Temperatur und Feuchtigkeit gewöhnen. Gegen Pilzbefall ab und zu mit Ackerschachtelhalmbrühe gießen.
Manche Arten sind nahezu unverwüstlich lebensfähig, z. B. die Salweide, andere tun sich schwerer, z. B. der Buchsbaum. Trotzdem viel Erfolg!

Vom richtigen Pflanzen

Pflanztermin

Der Herbst und frostfreie Wintertage sind günstigere Pflanztermine als das Frühjahr, da sich bis zum Wachstumsbeginn die aufgegrabene Erde um die Saugwurzeln festsetzen kann, im Frühjahr dann schon der Kontakt zum Erdreich da ist und gebildete Wasserkapillaren die Wurzeln erreichen können. Das Gießen kann man sich bei frühem Pflanzzeitpunkt sparen, und auch der

Rückschnitt braucht nicht so radikal zu sein wie während der beginnenden Wachstumsperiode in den Monaten März bis Mai.

Bodenvorbereitung

Spezielle Bodenvorbereitungen sind nur bei starker Verdichtung (Neubau) notwendig. Diese Böden lockert man am besten mit tiefwurzelnder Gründüngung, nur notfalls zwei Spaten tief graben und mit verrottetem organischem Material (Komposterde, Stroh) vermischen. Kalkliebende Wildsträucher dürfen eine kleine Kalkbeigabe erhalten. Niemals Torf oder Chemiedünger verwenden! Damit der Boden nicht so schnell austrocknet, möglichst nicht fräsen. Beim Anpflanzen von Wildsträuchern ist fast immer eine problemlose Direktpflanzung möglich, sogar in Rasenflächen, Ackerrand oder Wegraine.

Pflanzloch

Für die Größe des Pflanzloches gilt: je tiefer, je breiter, desto besser. Die spätere Wurzelausdehnung wird am besten gefördert durch ein Pflanzloch, das eine Spatenlänge tiefer und eine Spatenlänge breiter (kreisförmig) um die Wurzeln gegraben ist. Die Erde im Pflanzloch muß locker gehalten, Steine sollten möglichst entfernt werden.
Der Abstand von Pflanzloch zu Pflanzloch ist abhängig vom Alter und der späteren Größe des zu pflanzenden Strauches und vom Standort. Junge Heckensträucher dünnwachsender Arten werden mit 0,3–0,5 m Abstand gepflanzt, ältere Sträucher mit bis zu 1 m Abstand. Dichte Pflanzung schadet nicht. Zu weite Pflanzung wächst nur langsam zu. Buschgruppen und Einzelsträucher sollten in lockerer Formation gepflanzt werden. Zum Kulturland sollte ca. 1 m Pufferzone und Wuchsraum freibleiben.

Beschneiden von Wurzeln und Trieben

Ist das Pflanzloch vorbereitet, muß man an dem Strauch selbst auch noch einige Vorbereitungen treffen: Alle starken Wurzeln mit der Baumschere anschneiden (Wurzeln nicht quetschen oder reißen!), überhängende Langwurzeln um rund $^1/_3$ kürzen, desgleichen abgeknickte, beschädigte oder gequetschte Wurzeln oberhalb der Wundstelle abschneiden. Wurzeln jedoch erst unmittelbar vor dem Einpflanzen beschneiden! Nur dann ist die Regenerationskraft des Wurzelgewebes hoch genug, von den Schnittstellen aus neue Feinwurzeln zu bilden.
Auch die Triebe des Strauches sollten vor dem Pflanzen gekürzt werden. Grundsatz: je schlechter der Wurzelansatz, desto stärker der Rückschnitt. Laubholzjungpflanzen um $^1/_3$–$^2/_3$ der Trieblänge, Halbfertigpflanzen und Fertigpflanzen um rund $^1/_3$ zurückschneiden. Abgeschnitten wird direkt über einer Laubknospe, so entsteht beim Austrieb kein Totholz. Keine Rücksicht oder verkehrte Eitelkeit wegen des gerade erstandenen und nun nur noch halb so großen Sträuchleins: Die wenigen Erdwurzeln versorgen zu viele Blätter (noch) nicht ausreichend! Nadelgehölze und Ballenware nicht kürzen!

Einsetzen

Ist der Strauch an Wurzeln und Trieben beschnitten, können wir ihn ins vorbereitete Pflanzloch setzen. Die Wurzelräume werden mit lockerem Boden aufgefüllt, den man am besten mit Wasser einschlämmt. Beim Einsetzen von Ballenpflanzen muß darauf geachtet werden, daß das (verrottbare) Ballentuch auf jeden Fall oben aufgebunden ist! Topf- oder Containerpflanzen ohne Topf so ins Pflanzloch setzen, daß man noch ca. 5 cm Erde auffüllen muß, um mit dem angrenzenden Erdreich plan zu sein. Das Erdeantreten ist nur bei leichten Böden empfehlenswert. Vorsicht jedoch, keine Wurzeln beschädigen! Schwere oder feuchte Böden würde man dadurch nur noch weiter verdichten. Meist reicht das Andrücken der Erde mit den Händen. Ggf. einen 5 cm erhöhten Erdwall als Gießrand anlegen (tiefste Stelle am Strauch, zum Rand hin ansteigen lassen). Bei Frühjahrspflanzung muß man die Pflanze kräftig angießen (1- bis 2mal bis zum Gießrand vollaufen lassen), dann je nach Trockenheit und Laubaustrieb nach Bedarf nachwässern.

Mulchen

Der beste Schutz gegen Hitze, Kälte, Regen- und Winderosion, außerdem bodenlebenfördernd ist eine Mulchdecke aus organischem Pflanzenmaterial (Stroh, Wildkräuter, Laub, Gemüseblätter, Grasmulch, Rindenmulch, angerotteter Kompost), die direkt um den Strauch bis in 1 Meter Umkreis ca. fingerdick aufgelegt wird. So eine Mulchdecke ist auch ein ausgezeichneter Schutz gegen Wildkräuter, die Jungsträucher in den ersten zwei Jahren gerne überwuchern. Da die Mulchdecke mit der Zeit verrottet, sollte man sie immer wieder frisch auffüllen.
Beim Anpflanzen von Wildsträuchern in Waldnähe ist ein Schutz der Jungsträucher angebracht. Roter Hartriegel oder Stechpalme z.B. werden von Kaninchen, Hasen und Rehen sehr gerne abgefressen. Ein Drahtverbißschutz oder Appetitvergäller mit Bitterstoffen sind in wald- oder feldnahen Anpflanzungen – vor allem in harten Wintern – sehr angebracht.

Die Vielfalt einer Hecke

Wenn Sie eine Hecke anpflanzen wollen, schauen Sie sich am besten Dichte, Artenzahl und Geometrie einer Wildstrauchhecke an, dann wissen Sie, wie Sie pflanzen können. Die Kleinen und Dünnen nach außen, die Großen und Kräftigen in die Mitte. Mal zu zweien oder zu dritt geartet, mal allein. Einreihig, zweireihig, vielreihig, mit wechselndem Abstand. In breiten Hecken haben in der Mitte Bäume Platz (Vogelbeere, Vogelkirsche), aus einer Kleinstrauchhecke wird über die Hochstrauchhecke eine Strauchbaumhecke, je nach Wachstumsmöglichkeiten und Artenzusammensetzung. Und müssen Hecken schnurgerade sein? Warum haben sie nicht Einbuchtungen, gefüllt mit Asthaufen oder Steinen? Warum sitzen sie nicht halb auf Wällen und halb daneben? Warum strecken sie ihre Ausläufer nicht wie Finger in das Umland und gliedern so Räume, schaffen lauschige Nischen und Gartenüberraschungsplätze? Geben Sie Ihrem Garten Wachstum, Freiraum zur persönlichen Entfaltung. Ihre Hecke ist Zeichen Ihrer Phantasie.

Sanddornfrüchte sind wertvolle Vitaminspender und darüber hinaus ein herrlicher Blickfang im Herbst. Aufnahme H. Reinhard

Etwas Pflege muß sein

Zwar sind Wildsträucher äußerst pflegeleicht, aber vor allem bei Neuanpflanzungen muß etwas Pflege sein, da sie sonst im Wachstum vom schnellwüchsigen Wildkraut behindert werden. Niedertreten reicht meist aus, notfalls hacken, immer mulchen. Das Abmähen von Kräutern und Gras dagegen gefährdet unregelmäßige Pflanzungen. Sind die Wildsträucher den Kräutern einmal über den Kopf gewachsen, so kann man die Krautschicht getrost wachsen lassen. Wildkraut und Wildstrauch sind eine natürliche Gemeinschaft, die wiederum etlichen Tieren Nahrung und Schutz bietet. Reißen Sie also nicht jedes Kräutlein gleich aus – auch wenn Ihr Nachbar vielleicht einen „gepflegten“ Strauch besitzt: Kreisrund mit grünem Plastikwall eingefaßt und ohne irgendwelches Grün am Fuß.

Düngen

Düngen ist überflüssig. Haben Sie in der Natur schon einen Chemiedüngerstreuer gesehen, der frühjährlich im Wildstrauchwald Nitrat und Phosphor, Magnesium, Kalium oder Kalk verteilt? Kunstdüngung ist also überflüssig und schadet nur, ²/₃ der Wildsträucher lieben stickstoffarme Böden und quittieren selbst gutgemeinten Biomist oder Kompost mit Eingehen oder schlechtem Wuchs. Statt dessen die Natur arbeiten lassen und den Wildkrautwuchs im Parterre tolerieren, der auflockert und Nährstoffe umsetzt und freimacht – Naturdüngung frei Strauch. Abfallendes Herbstlaub, gespeicherte Sträuchersommerenergie, auf der Erde liegen und verrotten lassen. Ebenso den Langzeitdünger – abgeschnittene Äste – unter den Sträuchern sammeln und zur Zersetzung freigeben (hiermit haben auch gleichzeitig Igel und Zaunkönig eine sichere Unterkunft).

Spritzen

Auch Spritzen gegen Ungeziefer ist überflüssig. Blattlaus und Pfaffenhütchen, Gemeiner Schneeball oder Schwarzer Holunder haben zusammen Jahrmillionen gut gelebt, der eine vom anderen und der andere trotz des einen.

Beschneiden

Zum langfristigen Genuß und zur Bewahrung der Wildstrauchvielfalt sind Pflegeschnitte angebracht. Bestimmte seltene oder schwachwüchsige Arten bekommen wieder Licht und Wuchsraum, schnellwüchsige drängt man zurück, insgesamt leben die Sträucher, weil verjüngt, länger. Schneiden kann man an frostfreien

Tagen von Oktober bis März, am günstigsten ist es jedoch direkt nach dem Laubfall. Das Schnittintervall hängt ab von der Wuchskraft, der Pflanzformation und dem individuellen Bedürfnis. Schnittgut gehört unter die Sträucher, es ist die beste Düngung. Nadelhölzer selten bis nie schneiden. Immer direkt und dicht am Stamm ansetzen, dabei die Schnittfläche nach oben zum Stamm so abschrägen, daß möglichst kein Stumpf entsteht, der dann faulen könnte. Über fünfmarkstückgroße Wunden mit Baumwachs verschmieren und den Rand (Kambiumschicht) zur besseren Verheilung seitlich glatt anschneiden.

Man unterscheidet 3 Schnittarten:

Auslichten Spezielle Schnittart für empfindliche Laubhölzer und großen Raum einnehmende Einzelsträucher. Zu dichte Äste entfernt man möglichst weit unten, dabei wird der Strauch nur ausgedünnt, nicht grundsätzlich und wesentlich gekürzt. Höchstens alle 2–3 Jahre, lieber längere Schnittintervalle lassen.

Auf den Stock setzen Spezielle Schnittart für Feldhecken, möglich auch für Einzelsträucher. Stockausschlagfähige Laubhölzer radikal bis auf 20–50 cm über dem Boden kürzen. Damit Ausweichplätze für die Tierwelt erhalten bleiben, alljährlich nur gruppenweise, nie mehr als 20–50% der Heckenlänge in einem Jahr vornehmen. Intervall je nach Wuchskraft und Pflegebereitschaft alle 5–15 Jahre.

Rückschnitt Überalterte Wildsträucher können durch Rückschnitte bis aufs Altholz wieder zum Neuaustrieb angeregt werden. Bei Ihren Sträuchern dient der Rückschnitt der Verzweigungsbildung, sie treiben von unten dichter aus.

Unsere wichtigsten Wildsträucher in Wort und Bild

Hinweise zum Benützen des Bestimmungsteiles

Dieses Buch läßt die insgesamt 100 wichtigsten heimischen Wildsträucher im deutschsprachigen Raum unterscheiden. 45 Arten werden ausführlich in Bild und Wort vorgestellt (wobei die Auswahl durch Bekanntheit, Häufigkeit und Verbreitung bestimmt wurde). Jede Strauchfamilie ist exemplarisch mit mindestens einer Charakterart vertreten. Weitere 55 verwandte Arten, meist seltener oder regional beschränkter, werden in auffälligen Bestimmungsmerkmalen zum Vergleich ebenfalls beschrieben.
Angegeben ist jeweils der gebräuchliche Artenname mit z. T. regional unterschiedlichen Synonymen, der lateinische Name und die Familienzugehörigkeit.
Einige Wildsträucher haben ein großes Verbreitungsareal, das ganz Europa umfaßt oder sogar bis in den asiatischen Raum hineinreicht, andere beschränken sich auf kleinere geographische Räume. Auch im hier behandelten Verbreitungsraum von Deutschland, der Schweiz und Österreich gibt es von Art zu Art unterschiedliche Verbreitungsschwerpunkte, manche Arten sind auf den Norden und Nordwesten beschränkt, andere kommen häufiger im Süden vor, wieder andere sind an ganz bestimmte Höhenlagen (Hochgebirge) gebunden.
In Abhängigkeit vom Klima, den Lichtverhältnissen und dem Boden wachsen Wildsträucher in unterschiedlichen Lebensräumen und auf unterschiedlichen Standorten. In der näheren Umgebung lassen sich auf gleichem Standort öfter andere Wildstraucharten finden, die häufig zusammen mit der behandelten Art auftreten. Sie gehören typischerweise sogar in eine bestimmte Lebensgemeinschaft. Alle diese Merkmale können Sie als erste Orientierungshilfe zur Bestimmung nutzen.
Wichtiges Erkennungsmerkmal, sogar für die Ferndiagnose, ist das Erscheinungsbild, die charakteristische Form des ganzen Strauches. Ist es ein Kleinstrauch (bis 1 Meter), ein Mittelstrauch (1–3 Meter), ein Großstrauch (3–5 Meter und darüber)? Wirkt er dicht, buschig und breit oder eher dünn und schmal? Hat er eine Krone, und wie sieht sie aus?
Die Blüte ist eine wichtige Bestimmungshilfe, wobei mehrere Merkmale zur Verfügung stehen. Bestimmt werden kann nach der Farbe, der Größe, dem Blütenbau oder der Geschlechtlichkeit. Auch der typische Blütenduft, falls vorhanden, kann als zwar subjektives, aber zuweilen doch hilfreiches Bestimmungsmerkmal dienen.
Noch mehr als die Blüte charakterisiert die Frucht einen Wildstrauch. Wieder stehen verschiedene Merkmale zur Bestimmung zur Verfügung. Auffälligstes Merkmal der reifen Früchte ist die Farbe. Bestimmt werden kann aber auch

nach Fruchtgröße oder nach dem charakteristischen Fruchttyp (Beere, Steinfrucht, Kapsel/Hülse, Nuß, Apfel).
Charakteristisch wie Blüten und Früchte sind die Blätter der Wildsträucher. Sie haben zudem den Vorteil, fast das ganze Jahr über am Strauch zu verbleiben, so daß auch ein nichtblühender oder nichtfruchtender Strauch nicht unbestimmt bleiben muß. Sie können sich zunächst an dem Blattyp grob orientieren (nadelförmig, einfache Laubblätter, zusammengesetzte Laubfiederblätter), dann an der Anordnung der Blätter zueinander und dem Blattstand (gegenständig, wechselständig, quirlständig). Zur Unterscheidung der Einzelblätter dienen die Größe und die Gestaltung des Blattrandes. Darüber hinaus haben sehr viele Blätter einen charakteristischen Geruch oder Geschmack. Hierzu zerreibt man ein Blatt zwischen den Fingern oder kaut vorsichtig ein Stück davon durch. Zerkaute Blätter nicht herunterschlucken, sondern wieder ausspucken. Nicht alle sind ungefährlich! Manche Blätter schmecken sofort, andere nach 1–2 Minuten oder im Nachgeschmack.
Auch die Zweige charakterisieren Wildsträucher. Sie sind dünn oder dick, mit Dornen oder Stacheln besetzt, reich verästelt oder rutenförmig lang. Außerdem haben sie eine typische Farbe, oft noch zwischen jungen und alten Zweigen verschieden. Auch die Rinde ist von Wildstrauch zu Wildstrauch verschieden: glatt oder rissig, mit dicker Borke oder in dünnen Streifen abfetzend und in der Regel von charakteristischer Farbe. Das Holz ist weich, hart, zäh, biegsam, seine Farbe im Splint oft anders als im Kern.
Falls Verwechslungsmöglichkeiten zu anderen häufigen heimischen Sträuchern bestehen, sind diese aufgeführt. In der Regel definieren die angeführten Merkmale die einzelnen Arten ausreichend. Meist ist aber eine Unterscheidung schon vom Lebensraum bzw. dem typischen Standort möglich, denn gerade verwandte Arten kommen selten auf ähnlichen Standorten vor.
Und jeder Strauch hat verschiedene Wirkstoffe in sich. Die tatsächliche Zusammensetzung der Wirkstoffgruppen ist nahezu unmöglich zu ermitteln, dazu gibt es zu viele einzelne Inhaltsstoffe, außerdem sind viele Wildsträucher in dieser Hinsicht noch unzureichend erforscht. Soweit man weiß, charakterisiert jeden Wildstrauch eine ganz bestimmte Wirkstoffkombination, die aber in Abhängigkeit vom Standort und der Jahreszeit und auch in den einzelnen Pflanzenteilen variiert.
Bestimmte Teile oder Inhaltsstoffe von Blatt, Frucht, Rinde und Wurzeln werden zu heilmedizinischen Zwecken genutzt. Am weitesten verbreitet sind naturkundliche Heilverfahren in der früher allgegenwärtigen und weitverbreiteten Naturheilkunde, die für einen Wildstrauch meistens sogar mehrere Anwendungsbereiche nennt. Allerdings ist das Wissen um die Wirkung und die Heilkräfte unserer Wildsträucher durch die moderne Medizin und Pharmakologie in Vergessenheit geraten, wenngleich auch dort, etwa beim Faulbaum oder dem Weißdorn, Wildsträucher verwendet werden.
Anhand einiger weniger ausgewählter Beispiele werden hier das Nahrungsangebot von Wildsträuchern nutzende Tiere vorgestellt; dies sind z.T. Spezialisten, die nur auf diesen einen Wildstrauch angewiesen sind, z.T. auch Generalisten, die diesen Strauch u.a. nutzen.
Zu jedem Strauch gehört viel Besonderes, so daß es unmöglich ist, in wenigen Worten und Sätzen all seine Besonderheiten zu erfassen. Die in diesem Buch ausgewählten Besonderheiten sollen ein paar der Möglichkeiten aufzeigen,

die Wildsträucher in unserem Leben einst eingenommen haben, heute einnehmen oder einnehmen könnten.
Nicht wenige Wildstrauchteile vieler Arten sind in der Medizin oder als Lebens- und Genußmittel nutzbar. Grundsätze: Nur bekannte Arten an gutem Standort mit häufigem Vorkommen, nie von seltenen oder geschützten Sträuchern sammeln. Pro Strauch nur einen kleinen Teil abpflücken, den überwiegenden Rest für die Tiere lassen. Keine Sammelwut und Vorratswirtschaft, nur zum eigenen Gebrauch und nur so viel entnehmen, wie tatsächlich in einem Jahr verbraucht wird.

Die Farbfotos zeigen jeweils auf der linken Seite ein typisches Biotop und rechts Blüte und Frucht. Besitzt ein Strauch männliche und weibliche Blüten, so sind beide Geschlechter abgebildet.

Erklärung der verwendeten Symbole und Fachausdrücke

Blütenform

Kätzchen

strahlig, mit
4 Blütenblättern

strahlig,
mit 5 Blütenblättern

strahlig, mit mehr als
5 Blütenblättern

zweiseitig
symmetrisch

Sexualität

Einhäusig, eingeschlechtlich:
Männliche und weibliche Blüten getrennt, jedoch auf einer Pflanze

Einhäusig, zweigeschlechtlich:
Blüte enthält sowohl Staubblätter als auch Fruchtblätter (zwittrig)

Zweihäusig, eingeschlechtlich:
Männliche und weibliche Blüten sind auf verschiedenen Pflanzen

♂ männlich ♀ weiblich

Standortbedingungen

Lichtverhältnisse

 Schattig (Tiefschatten und Schatten)

 Mittel (Halbschatten und Halblicht)

 Sonnig (Licht und Vollicht)

Temperatur

Warm (Wärmezeiger)

Mittel (Mäßigwärmezeiger)

Kalt (Kälte- und Kühlezeiger)

Feuchtigkeit

 Trocken (Stark trocken bis trocken)

 Mittel (Mäßig trocken bis frisch)

 Feucht bis naß

Milieu

 Basisch (Basisch bis stark basisch)

 Mittel (Schwach sauer bis schwach basisch)

 Sauer (Stark sauer bis sauer)

Stickstoffgehalt

Stickstoffarm

Mittel

Stickstoffreich

Bei der Beschreibung der einzelnen Sträucher sind jeweils nur die bevorzugten Standortbedingungen angegeben!

An den Blättern sollt ihr sie erkennen

(Einfacher Bestimmungsschlüssel zum Erkennen von Wildsträuchern)

Blätter gegenständig

Nadelförmig
(Seite 58–61)

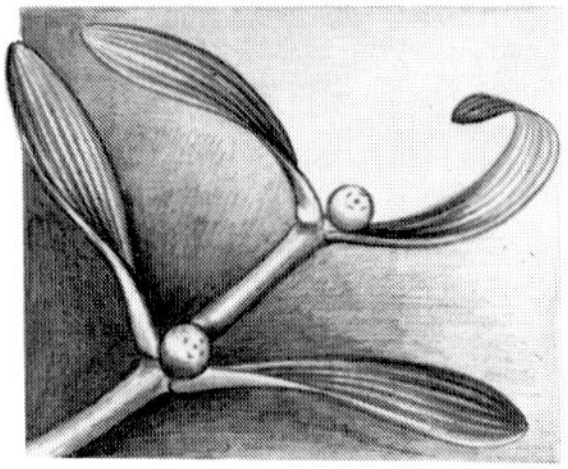

Einfach, glattrandig
(Seite 62–75)

Einfach, gezähnt
(Seite 76–79)

Einfach, gesägt
(Seite 80–81)

Einfach, gelappt
(Seite 82–83)

Zusammengesetzt,
gesägt (Seite 84–87)

Zusammengesetzt,
gelappt (Seite 88–89)

Die auf den folgenden Seiten beschriebenen 45 Wildsträucher sind aufgrund ihrer Blattstellung und Blattform eingeteilt, und zwar anhand der auf diesen Seiten angegebenen Symbole.

Blätter wechselständig

Nadelförmig
(Seite 90–93)

Einfach, glattrandig
(Seite 94–113)

Einfach, gezähnt
(Seite 114–131)

Einfach, gesägt
(Seite 132–133)

Einfach, gelappt
(Seite 134–139)

Zusammengesetzt, glattrandig
(Seite 140–145)

Zusammengesetzt, gezähnt (Seite 146–152)

Eibe
Taxus baccata
Eibengewächse
(Taxaceae)

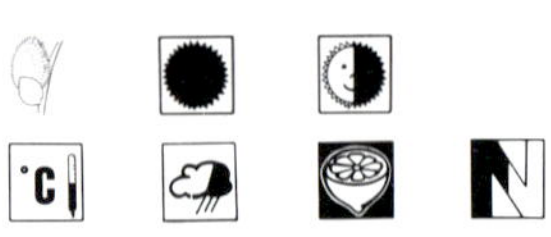

Andere Namen: Beereneibe, Gemeine Eibe
Verbreitung: Nordafrika, Kleinasien, Europa. D, CH, A, selten, meist nur Einzelvorkommen.
Lebensraum: Tal bis Berglagen auf 1700 m. Waldunterwuchs (gerne unter Buchen), felsige Hänge. Schatten- und feuchtigkeitsliebend.
Vergesellschaftet mit Hainbuche, Johannisbeere, Stachelbeere, Brombeere, Pfaffenhütchen.
Erscheinungsbild: Variabel. Breiter, buschiger Mittel- bis Großstrauch (3–10 m) oder baumartig bis 15 (20) m. Verwachsen, unregelmäßige Kronenbildung, selten kegelförmig. Bis 300, selten 1000 Jahre alt.
Blüte: März–Mai, vor Nadelaustrieb.
Zweihäusig, eingeschlechtlich. ♂ Blüten zu 10–25, bis 0,5 cm lang, unscheinbar hellgelblich, kätzchenförmig-schuppig zwischen den Nadeln, reich an gelben Pollen. ♀ Blüten vereinzelt, kleiner als 0,5 cm, gelblichgrün, laubknospenähnlich, an der Unterseite der Zweige.
Frucht: September–Oktober.
Fingernagelgroße, becherartige, am Ende offene, leuchtend rote, fleischige Scheinbeere, die den erbsengroßen, dunkelbraunen, nußartigen Samen nur unvollständig umwächst. – Roter **Samenmantel eßbar** (süß-säuerlicher Geschmack). **Samen giftig!**

Blatt: Flache, weiche Nadeln, bis 4 cm lang. Oberseite dunkelgrün glänzend, unterseits matt gelblichgrün, deutlich ausgeprägte Mittelrippen ohne weiße Streifen. Immergrün. Geruchlos. Widerlicher, bitterer Geschmack.
Zweige: Unbewehrt, reich verästelt, dicht benadelt. Längere Zweige etwas hängend. Jung grün, älter braun.
Rinde: Rotbraun, älter graubraun bis grau, tiefrissig, in Platten abblätternd.
Holz: Gelber Splint, braun- bis bläulichroter Kern, harzfrei, hart, zähelastisch und schwer. Langsamwüchsiger Kompaktwurzler.
Wirkstoffe: In allen Pflanzenteilen außer dem roten Samenmantel das spezifische Alkaloid Taxin (im Blatt 2%) und das Glykosid Taxicatin. In den Früchten Fruchtsäure, Zucker und Provitamin A.
Ähnlich aussehende Arten: Keine.
Wert für Tiere: Die Blätter werden vom Wild – speziell von Rehen – mit Vorliebe gefressen, die Früchte von Vögeln und Eichhörnchen.
Besonderes: Das zähe, elastische und harte Holz eignete sich vorzüglich für die Herstellung von Pfeil, Bogen und Armbrust. Noch um 1600 kamen nur in Nürnberg jährlich 10 000 Bogen auf den Waffenmarkt. Dann kam das Schießpulver, für die Eibe leider zu spät. An der Ausrottung der Eiben beteiligt waren aber auch um ihre Zugpferde fürchtende Fuhrleute, die prinzipiell jeden Baum längs der Handelswege abholzten, da das Taxin für Pferde giftig ist. Den Rest zur Ausrottung der Eibe gab das Wirtschaftswachstum in den Wäldern, das tausendjährige Hölzer wenig schätzt, seien sie noch so wertvoll. Stellenweise sind Änderungen in Sicht, in Nordrhein-Westfalen wird derzeit versucht, die Eibe zurück in den Wald zu führen – zu Recht, denn nur düsterer Totenbaum, nützliches Friedhofsgewächs und schnittige Hecke ist sie nicht, die Eibe.

Heidekraut
Calluna vulgaris
Heidekrautgewächse
(Ericaceae)

Anderer Name: Besenheide
Verbreitung: Ganz Europa.
Lebensraum: Flachland bis alpine Regionen auf 2700 m. Charakterpflanze der Heidegebiete Nordwestdeutschlands auf Sand- und Moorböden. Nachfolgepflanze auf Hochmooren, Unterwuchs in lichten Kieferwäldern. Bevorzugt warme bis kühle Lagen.
Vergesellschaftet mit Blaubeere, Preiselbeere, Ginster, Wacholder.
Erscheinungsbild: Immergrüner, buschiger, reichverzweigter Zwergstrauch bis 0,5 m (selten 1 m). Bildet dichte Bestände, oft flächendeckend. Natürlich nach 10–15 Jahren absterbend, stockausschlagsfähig.
Blüte: Juli–September, nach Laubaustrieb.
Einhäusig, zweigeschlechtlich. Vierzipflige, ca. 0,5 cm lange Glockenblüten, in 4 Reihen an bis zu 20 cm langen Blütenständen. In einer Richtung weisend, nickend, hell- bis violettrosa, purpurrot.
Frucht: Ab August.
Braune, vierteilige Kapseln unter 1 cm Länge mit vielen Einzelsamen. **Ungenießbar!**
Blatt: Länglich-eiförmige, nadelähnliche, ca. 0,5 cm lange, glattrandige Einzelblätter, oberseits mit Rinne, in 4 sich schuppig überdeckenden Längsreihen

angeordnet. Im Sommer dunkelgrün, im Winter braunrot. Leicht bitterer Geschmack.
Zweige: Unbewehrt, niederliegend oder aufsteigend, reich verzweigt. Jung grün und biegsam, im Alter braun und starr verholzend, dann blattlos. Langsamwüchsiger Tiefwurzler.
Wirkstoffe: In Blättern und Blüten hauptsächlich Gerbstoffe und Flavone.
Ähnlich aussehende Arten: Glocken- oder Sumpfheide (*Erica tetralix*), Schneeheide (*Erica carnea*). Während das Trockenheit liebende Heidekraut aber nur im Randbereich von Hochmooren vorkommt, liebt die Glockenheide geradezu nasse Flächen und ist die für Hochmoore charakteristische Heideart. Heidekraut und Schneeheide kommen an ähnlichen Standorten vor, die Schneeheide blüht jedoch von Januar bis April, das Heidekraut von Juli bis August.
Wert für Tiere: Auf die Blätter spezialisiert hat sich die Raupe des Heide-Grünwidderchens, aber auch die Raupen von Geißkleebläuling, Faulbaumbläuling oder Brombeerzipfelfalter leben von Heidekrautblättern. Die nektarreichen Glockenblüten sind wichtig für Wildbienen, speziell die Heidekrautbiene, Honigbienen, Erdhummeln und heidebewohnende Schmetterlingsarten.
Besonderes: An Extremstandorten, etwa im Hochgebirge, sind und bleiben Zwergstrauchheidearten dauerhafte Pioniersiedler, die weite Flächen bedecken. Im Flachland aber oder unter günstigeren Bedingungen sind die lichtbedürftigen Heidearten den Bäumen konkurrenzlos unterlegen. Schnell würden sich deshalb die für Nordwestdeutschland charakteristischen Heiden in Birken-, dann in Kiefernwälder verwandeln. Die Nutzung als Weidefläche (Heidschnucken) verhinderte früher die Bewaldung, das regelmäßige Abplaggen verjüngte zudem die absterbenden und verholzenden Bestände. Heute bedürfen Heidegebiete gezielter menschlicher Pflegeprogramme, wollen wir sie in ihrer Charakteristik und Schönheit erhalten.

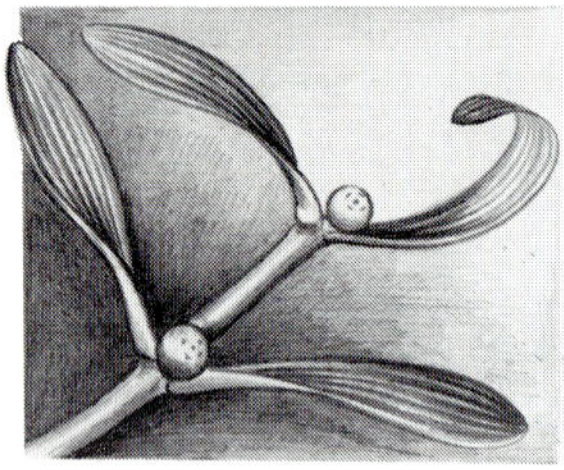

Buchsbaum
Buxus sempervirens
Buchsbaumgewächse
(Buxaceae)

Anderer Name: Buchs, Palm
Verbreitung: Nordafrika, Kleinasien, Europa. D, CH, Nord- und Nordwesten fehlend, sonst selten, im Süden und Alpengebiet bis 800 m.
Lebensraum: Tal bis mittlere Lagen (bis 800 m). Offene Hänge, Unterwuchs im lichten Laubwald. Liebt kalkreichen Untergrund in warmen, sonnigen, trokkenen bis mäßig feuchten Lagen.
Vergesellschaftet mit anderen wärmeliebenden Arten wie Weichselkirsche, Zwergmispel, Holzapfel, Holzbirne, Schlehe, Ginster oder Felsenbirne.
Erscheinungsbild: Immergrüner, dichter Klein- bis Großstrauch bis 5 m, als Baum selten bis 16 m. Dann bis zu 500 Jahre alt.
Blüte: März–Mai, vor und mit dem Laubaustrieb. Einhäusig, getrenntgeschlechtlich. ♀Blüte unscheinbar, kopfig verkürzt, bis $1/2$ cm breit, gelblichgrün bis weißlich, büschelförmig von bis 10 vierblättrigen ♂ Blüten umgeben.
Frucht: Mai–Juli.
Dreihörnige, dreifächrige, unter 1 cm lange harte braune Kapsel mit je 2 schwarzbraunen Samen. **Giftig!**
Blatt: Einfach, bis 3 cm lang, eiförmig-oval, an der Spitze rund oder leicht eingebuchtet, am Ansatz spitz, kurz gestielt, ledrig. Immergrün, matt glän-

zend, oberseits glänzend dunkelgrün, unterseits heller. Vor Abwurf gelborange Färbung. Bitterer Geschmack.
Zweige: Unbewehrt, kurzästig, reich verästelt mit Blättern dicht besetzt, biegsam, vierkantig, älter verholzend, aufreißend, längs abblätternd.
Rinde: Jung grün, dann gelbbraun.
Holz: Lebhaft gelborange, hornartig, feinfaserig, ungemein schwer und fest. Langsamwüchsiger Tiefwurzler.
Wirkstoffe: Als Hauptwirkstoff in allen Organen, besonders in Blättern und Wurzelrinde das spezifische Alkaloid Buxin und weitere verwandte Stoffe. In Blatt, Rinde und Frucht außerdem ätherische Öle und Gerbstoffe. Die Buchsbaum-Alkaloide wirken erregend, in größeren Dosen hemmend auf das Nervensystem. Keine Verwendung in der Wildstrauchheilmedizin.
Ähnlich aussehende Arten: Keine.
Wert für Tiere: Die an offenem Nektar reichen Blüten werden von kurzrüsseligen Blumenfliegen und Schwebfliegen besucht, während Mauerbiene und Honigbiene vorzugsweise Pollen sammeln. Ideal als Deckungsstrauch und Brutgehölz.
Besonderes: Immergrün und schnittfest, zwei Eigenschaften, die den Buchsbaum zum ältesten Zierstrauch unseres Kulturkreises machten. In der Antike gaben ihm Griechen und Römer Form, im Mittelalter wuchs er in Klostergärten, im Rokoko zierte er den Hof Ludwigs des XIV., danach verlieh er Bauerngärten etwas Edles, Königliches, beinahe bis jetzt, doch vor der Invasion exotischer Immergrüner in die Ziergärten hat der altdeutsche Buchsbaum die Flucht ergreifen müssen. Schade um die wundersamen Formen, die „Palmzweige" am Palmsonntag, das wertvolle Schnitzholz. Selbst wenn Ihr Buchsbaum am Ende nicht mehr zum Jagdgewehrschaft einer Büchse (Name!) wird, darf man Geschichtsträchtiges im Garten lebendig lassen.

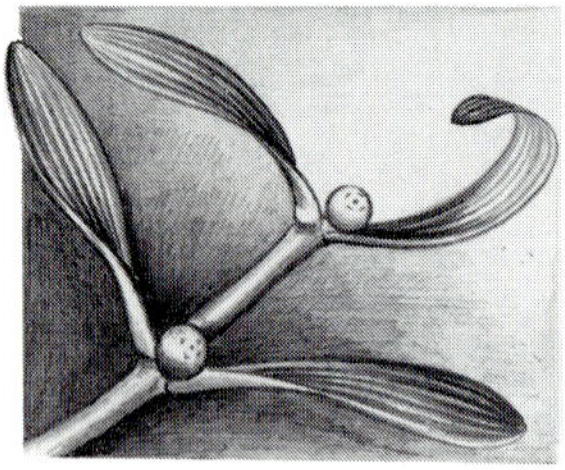

Roter Hartriegel
Cornus sanguinea
Hartriegelgewächse
(Cornaceae)

Anderer Name: Roter Hornstrauch
Verbreitung: Europa. D, CH, A, verstreut im Norden, sonst verbreitet.
Lebensraum: Tal bis 1000 m. Lichte Wälder, Auen, Waldrand, Hecken, Gebüsche, Wegraine, offene Hänge. Anpassungsfähig, liebt kalkhaltige Lehm- oder Steinböden.
Vergesellschaftet mit Schlehe, Weißdorn, Haselnuß, Liguster, Berberitze, Waldrebe, Hundsrose, Weinrose, Pfaffenhütchen oder Weidenarten.
Erscheinungsbild: Buschförmiger Mittelstrauch von 2–4 m, mit langen Zweigen, nicht immer dicht werdend. Bis 30 Jahre alt.
Blüte: Mai–Juni, nach Laubbildung.
Einhäusig zweigeschlechtlich. 20–50 weiße bis weißgrünliche, bis $^1/_2$ cm breite vierblättrige Scheibenblüten in bis 10 cm breiten schirmförmigen Trugdolden am Ende der Triebe. Intensiver Fischduft.
Frucht: August–Oktober.
Erbsengroße runde, beerenartige Steinfrüchte mit zweisamigem Kern, blauschwarz, feinweiß gepunktet. Kelchblätter an Fruchtspitze vertrocknen sichtbar, auf rotem Stiel. **Ungenießbar**. Bitterer Geschmack.
Blatt: Einfach, bis 8 cm lang, 3–5 Nervenpaare lau-

fen auffällig bogenförmig zur Spitze. Blattstiel bis 2 cm lang. Oberseits dunkelgrün, unterseits bläulichgrün, oft fein behaart. Blutrote Herbstfärbung. Herb zusammenziehender Geschmack.
Zweige: Unbewehrt, rutenförmig. Auf Schattenseite gelblichgrün, auf Sonnenseite und vor allem in Herbst und Winter blutrot werdend. Jung kurz behaart, später kahl.
Rinde: Graubraun, im Alter längsrissig.
Holz: Sehr hart und zäh, weiß. Mittelschneller Intensivwurzler mit Ausläufern.
Wirkstoffe: Enthält das spezifische Glykosid Cornin.
Ähnlich aussehende Arten: Kornelkirsche und Kreuzdorn haben eine ähnliche Blattmaserung; Efeu, Liguster, Schwarzer Holunder, Faulbaum und Kreuzdorn ähnlich kugelige schwarze Früchte. Davon abgesehen charakterisiert die Rotfärbung von Zweigen und Blättern den Roten Hartriegel.
Wert für Tiere: Blätter Raupennahrung für Brombeerzipfelfalter und Faulbaumbläuling, die nektarreichen Scheibenblüten werden speziell von kleinen Fliegenarten besucht, die Früchte besonders von Seidenschwänzen und Drosseln gefressen. Beliebte Wildäsungs- und Deckungspflanze.
Besonderes: Der Rote Hartriegel ist trotz seines Namens nicht gerade ein Farbenspender, aber immerhin grau macht er alles. Zumindest Kleidungsstücke, die man damit färben kann. Bekannt war dies wahrscheinlich schon in der Jungsteinzeit, in die Wildobstsammlung der Pfahlbausiedler gehörten neben Schlehen, Holzbirnen und Vogelkirschen auch Hartriegelfrüchte. Sie sind auch aus energetischen Gründen nicht zu verachten: Immerhin enthalten sie bis zu 30% Öl. Die Anfangsinvestition für einen Roten Hartriegel ist gering, dafür um so ertragreicher der alljährliche Fruchtzins. Und: Wer hat schon eine Ölquelle im Garten, die lebt?

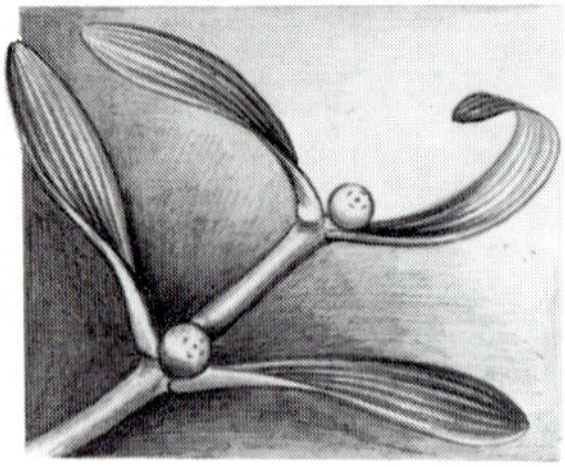

Kornelkirsche
Cornus mas
Hartriegelgewächse
(Cornaceae)

Andere Namen: Gelber Hartriegel, Herlitze
Verbreitung: Kleinasien, Mittel- und Südeuropa bis Kaukasus. D, CH, A, im Norden selten, im Süden verstreut bis häufig.
Lebensraum: In Ebene und Hügelland, meist nur bis 1000 m. Lichte Wälder, Auen, Waldrand, Hecken, Gebüsche und felsige Hänge. Wärmeliebend.
Vergesellschaftet mit Hainbuche, Haselnuß, Efeu, Heckenkirsche, Salweide und Rosenarten.
Erscheinungsbild: Lockerer Mittel- bis Großstrauch zwischen 2–5, baumartig bis 8 m hoch. Bis 100 Jahre.
Blüte: Februar–April, vor Laubaustrieb.
Einhäusig, zweigeschlechtlich, übersät mit Tausenden bis $^1/_2$ cm kleiner goldgelber 4blättriger Blütenscheiben zu 10–25 in kopfigen bis 2 cm breiten Dolden. Schwacher Honigduft.
Frucht: August–Oktober.
Bis 2 cm lange ovale, oft paarig an Stielen hängende kirschrote Steinfrüchte mit großem zweisamigem Kern, fleischig. **Eßbar**. Säuerlich-herber aromatischer Geschmack.
Blatt: Einfaches bis 10 cm langes, leicht welliges Blatt. 3–5 auffällige Blattnervenpaare verlaufen bogenförmig von der Basis zur Spitze. Oberseits lebhaft grün glänzend, unterseits etwas heller, vor allem

seitlich der Nerven weißlich behaart. Gelbe Herbstfärbung. Nachhaltig leicht bitterer Geschmack.
Zweige: Unbewehrt, aufrecht und sparrig. Junge Zweige kantig, olivgrün, auf Sonnenseite rötlichbraun, schwach behaart, älter kahl.
Rinde: Hellbraun.
Holz: Mit rötlichweißem Splint und dunklem Kern, sehr hart, dicht, schwer. Langsamwüchsiger Flachwurzler.
Wirkstoffe: Gerbstoffe, Fruchtsäuren, Fruchtzucker, vor allem Vitamin C. Verwendung speziell als Vitaminspender.
Ähnlich aussehende Arten: Roter Hartriegel und Kreuzdorn besitzen ähnliche Blattform und Maserung. Die Kornelkirsche ist jedoch durch ihre frühe gelbe Blüte und die auffälligen roten Früchte eindeutig erkennbar.
Wert für Tiere: Blätter und Triebe werden gern von verschiedenen Wildarten (Feldhase und Reh) angenommen, die nektar- und pollenreichen Scheibenblüten sind neben der Salweide erste Bienennahrung, und die Kirschen werden von Kernbeißer, Dompfaff, Haselmaus oder Siebenschläfer gefressen.
Besonderes: Nützlich ist die Kornelkirsche seit der Antike: „Auch aus dem Fleisch wird mit Zucker eine wohlschmeckende Soße gegen Übelkeit gemacht, dazu dienlich ist auch der Saft aus der Frucht“, meinte TABERNAEMONTANUS, griechischer Arzt der Antike. Und als ROMULUS bei der Gründung der Stadt Rom eine Lanze in die Erde bohrte, wuchs daraus, so heißt es, ein Kornelkirschenbaum. Gar nicht so abwegig, aus dem harten Holz schnitzten bereits Griechen Lanzenschäfte. Weiter ging es dann – friedlicher – spazieren mit den echten „Ziegenhainer Knotenstöcken“. Geradewegs in die Kirche mit preiswerten Rosenkränzen aus Kornelkirschenkernen.

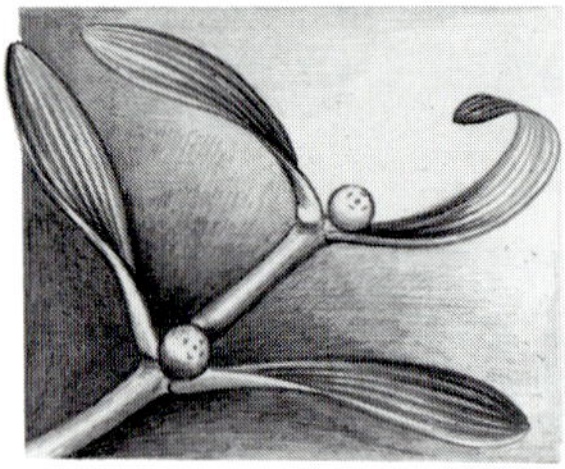

Gemeiner Liguster
Ligustrum vulgare
Ölbaumgewächse
(Oleaceae)

Verbreitung: Nordafrika, Kleinasien, Europa. D, CH, A, im Norden seltener, sonst verbreitet.

Lebensraum: Ebene und Hügelland bis 1400 m. Lichte Wälder, Auen, Gebüsch, Hecken, felsige Hänge. Anpassungsfähig, Sonne und Wärme liebend.

Vergesellschaftet mit Schlehe, Berberitze, Weißdorn, Hartriegel, Haselnuß, Waldrebe, Felsenbirne, Zwergmispel und Rosenarten.

Erscheinungsbild: Buschiger, sich flach ausbreitender Mittelstrauch bis 3 (5) m.

Blüte: Juni–Juli, nach Laubaustrieb.

Einhäusig, zweigeschlechtlich. Meist um 30 bis $^1/_2$ cm große gelblichweiße, 4blättrige Trichterblüten in endständiger bis fingerlanger Rispe. Starker Rosenduft.

Frucht: August–September.

Erbsengroße, kugelige, glänzend schwarze Steinfrucht mit braunviolettem Samen und saftigem Fleisch. Schwarzvioletter, intensiv färbender Saft. **Giftig!**

Blatt: Einfachc, bis 6 cm lange ledrige, kurzgestielte Blätter. Rand glatt, leicht gewellt. Oberseits dunkelgrün, unterseits heller, kräftige Mittelrippe. Teilweise überwinternd, sonst violettbraune Herbstfärbung. Betäubender Bittergeschmack.

<u>Zweige:</u> Unbewehrt, lang, dünn, biegsam und rutenförmig. Jung schwach behaart und olivgrün, älter glatt und grau. Einzelne helle Rindenporen.
<u>Rinde:</u> Glatt, grün bis graugrün.
<u>Holz:</u> Ähnlich wie Roter Hartriegel, sehr hart, schwer. Mittelschneller Intensivwurzler mit Ausläufern.
<u>Wirkstoffe:</u> In der Frucht ein chemisch unerforschter Wirkstoff, daneben der spezifische Farbstoff Ligulin, in Blatt und Rinde das Glykosid Ligustrin, in der Rinde außerdem Gerbstoffe und Harze.
<u>Ähnlich aussehende Arten:</u> Keine.
<u>Wert für Tiere:</u> Blatt Raupennahrung für Ligusterschwärmer, Wildbienen besuchen die nektarreichen Trichterblüten, und Mönchsgrasmücke, Dompfaff oder Grünfink mögen die schwarzen Steinfrüchte gern. Deckung und Nistplätze.
<u>Besonderes:</u> Liguster ist eine, wenn nicht die beliebteste Heckenpflanze Deutschlands. Gründe dafür: seine Schnittfähigkeit, die ihn fast unbegrenzt ausschlagfähig macht, und das gleichzeitige Dichtewachstum. Alles im Schnitt und schön gerade, vielerorts jedoch ein monotones Heckengrün. Warum nicht eine bunte Hecke aus Wildsträuchern, die das ganze Jahr blüht und Früchte trägt?

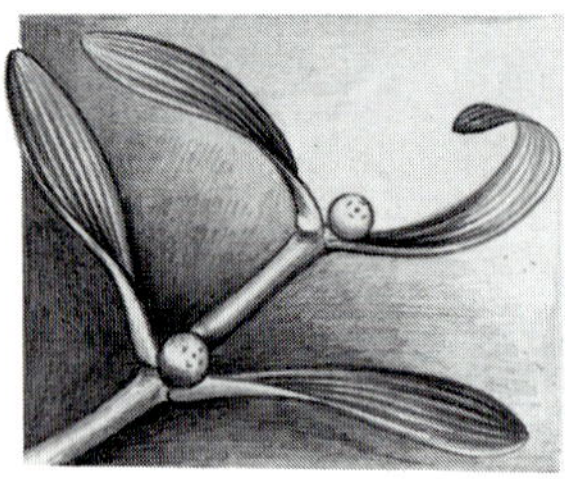

Mistel
Viscum album
Mistelgewächse
(Loranthaceae)

Verbreitung: Kleinasien, Europa bis Kaukasus. D, CH, A, im Norden selten, im Süden häufiger.
Lebensraum: In Niederungen und Hügelland verbreitet, zerstreut bis 1400 m. Halbschmarotzer auf Bäumen und Sträuchern. 3 Rassen mit unterschiedlichen Wirtspflanzen, Laubholzmistel (bevorzugt Apfel und Pappel), Kiefernmistel (bevorzugt Gemeine Kiefer), Tannenmistel (nur auf Tannen). Misteln sind lichtbedürftig und vertragen tiefere Temperaturen schlecht.
Erscheinungsbild: Immergrüner, reich verästelter, rundwachsender Kleinstrauch bis 1 m; fest in der Wirtsrinde verwachsen. Ältere Büsche an dünnen Wirtsästen hängend. Bis 70 Jahre alt.
Blüte: März–April, vor Laubaustrieb.
Zweihäusig, eingeschlechtlich, ♂ und ♀, unscheinbar gelbgrün, unter 1/2 cm groß, in den Blattachseln des letzten Laubblattpaares. Beide Blüten enthalten Nektar, feiner Orangenduft.
Frucht: November–Dezember.
Weiße oder gelbliche, glänzende, erbsengroße Beeren mit klebrigem Schleim und einem Kern. **Ungenießbar!** Nach Frost süß-schleimiger Erdbeergeschmack.
Blatt: Einfach, dick-ledrig bis 5 cm, fast stiellos, zu zweien gabelförmig an den Enden der ebenfalls ge-

gabelten Zweige. Glattrandig, immergrün, beidseitig gleich dunkelgrün bis gelblich gefärbt. Fallen grün ab. Durchschnittliche Lebensdauer 15 Monate. Eigentümlicher Geruch der frischen Blätter, Erbsengeschmack.
Zweige: Unbewehrt. Charakteristische Gabelbildung, wachsen gleichmäßig nach allen Richtungen, an den Enden jeweils ein Blattpaar. Jung Verzweigung nicht immer sichtbar. Langsamwüchsig.
Rinde: Grün bis gelbbraun, keine Borkenbildung.
Wirkstoffe: In Blatt und Saft Cholin und Acetylcholin, außerdem Harze und ein misteleigener Stoff, das Viscotoxin. Nicht alle Wirkstoffe erforscht.
Ähnlich aussehende Arten: Verwechselt werden kann die Mistel noch mit der Riemenblume (auch Eichenmistel genannt). Doch kommen Riemenblumen nur auf Eiche und Edelkastanie vor, ihre Rinde ist schwärzlich und nicht gelbgrün, Blätter zarter und gestielt, und Blüten eher gelb als weiß.
Wert für Tiere: Die Nektardrüsen der männlichen und weiblichen Blüten werden von Kleinfliegen und Pillenwespen besucht, die Samen von Vögeln, vor allem von der Misteldrossel, gefressen.
Besonderes: Die Mistel ist immergrün, ohne Rinde und echte Wurzeln, sie wächst weder dem Licht noch der Schwerkraft zu und ist auf bestimmte Wirtspflanzen angewiesen. Um auch ihre Nachkommen unter die Rinde zu bringen, bedient sie sich eines Tricks: Ihrem Hauptverbreiter, der Misteldrossel, bietet sie ein attraktives Lockmittel – wohlschmeckendes Fruchtfleisch. Das nur einen Nachteil hat, nämlich äußerst zäh und schleimig zu sein, und sich gar nicht gut fressen läßt, ohne daß der innen steckende Samen am Schnabel kleben bleibt. Worauf der Vogel eine Rindenritze sucht, um das lästige Anhängsel abzustreifen.

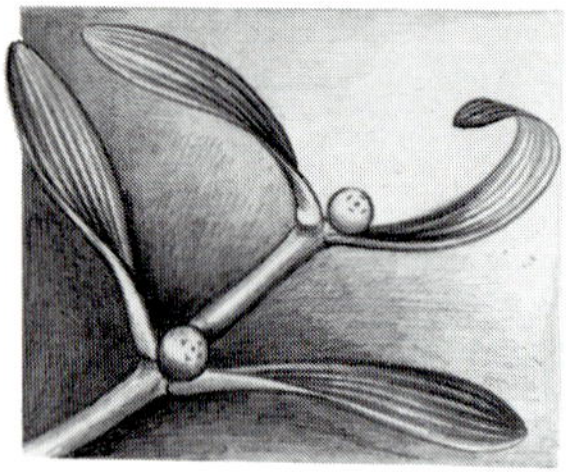

Rote Heckenkirsche
Lonicera xylosteum
Geißblattgewächse
(Caprifoliaceae)

Andere Namen: Gemeine Heckenkirsche, Beinholz
Verbreitung: Kaukasus, Sibirien, Europa. D, CH, A, im Nordwesten selten, sonst verbreitet.
Lebensraum: Von der Ebene bis auf 1600 m. Gebüsche, Hecken, Waldränder, lichte Laubwälder. Bevorzugt kalkhaltige, mäßig warme Standorte.
Vergesellschaftet mit Liguster, Berberitze, Traubenkirsche, Seidelbast, Haselnuß, Gemeinem Schneeball, Hartriegel, Himbeere, Brombeere, Efeu.
Erscheinungsbild: Breiter, aufrechter, von Grund aus reichverzweigter, dichter, aber dünnästiger, mittelgroßer Strauch bis 3 m.
Blüte: Mai–Juni, nach Laubbildung.
Einhäusig, zweigeschlechtlich, bis 2 cm lange, gelblichweiße Lippenblüten mit weit herausragenden Staubgefäßen und Narbe, paarweise auf aufrechtem, weichhaarigem, achselständigem Stiel. Werden beim Verblühen gelb. Zart duftend.
Frucht: Juni–Juli.
Kaum erbsengroße, scharlachrote, glasartig glänzende Beeren mit vier Samen. Paarweise dicht zusammenstehend oder am Grund verwachsen. **Giftig!**
Blatt: Einfach, bis 6 cm lang, glattrandig. Kurz gestielt, beiderseits weichhaarig, oberseits dunkler graugrün, unterseits heller. Nachhaltig scharfer Geschmack. Herbstfärbung gelbgrün.

Zweige: Unbewehrt, dünn, oft gebogen, reich verästelt, innen hohl mit weichem, braunem Mark. Anfangs behaart, später kahl.
Rinde: Gelblichgrün bis braungrau.
Holz: Gelblich, ungemein hart. Schnellwüchsiger Flachwurzler.
Wirkstoffe: Blatt, Blüte und Frucht enthalten einen kaum untersuchten Bitterstoff, das Xylostein. In Früchten außerdem Gerbstoffe, Pektin und Fruchtzucker. Die Samen sind ölhaltig.
Ähnlich aussehende Arten: Schwarze Heckenkirsche (*L. nigra*) liebt kalkarmen Boden, verstreut im Mittelgebirge bis Alpen, bis 1600 m, bis 2 m, Blätter bis 6 cm, rote Blüten auf dreimal längerem Stiel, glänzend schwarze Früchte. – Blaue Heckenkirsche (*L. coerulea*) liebt kalkhaltigen Boden, verstreut in Süddeutschland und Alpen bis über 2000 m, bis 2 m, Blätter bis 8 cm, Blüten grünlich bis gelblichweiß auf kurzen Stielen, schwarze, blaubereifte Früchte. – Alpenheckenkirsche (*L. alpigena*) liebt Kalkböden, verstreut in Süddeutschland, verbreitet in Alpen, bis 2 m, Blätter bis 10 cm, Blüten rötlich auf langen Stielen, glänzend rote Früchte.
Wert für Tiere: Blätter sind Raupennahrung für Kleiner Eisvogel oder Kleiner Maivogel. Die nektarreiche Lippenblüte ist eine typische Schmetterlingsblume, die ihren intensiven Duft in den Abendstunden entfaltet. Dann wird sie vom Taubenschwärmer, einem seltenen Nachtschmetterling, besucht. Die roten Beeren werden im Herbst besonders gern von Kernbeißer, Wacholderdrossel und Dompfaff genommen.
Besonderes: Sehr schöner Zierstrauch, dessen Früchte für den Menschen zwar wertlos sind, der aber sehr viele Insekten und Vögel anlockt, ihnen Nahrung und Schutz bietet.

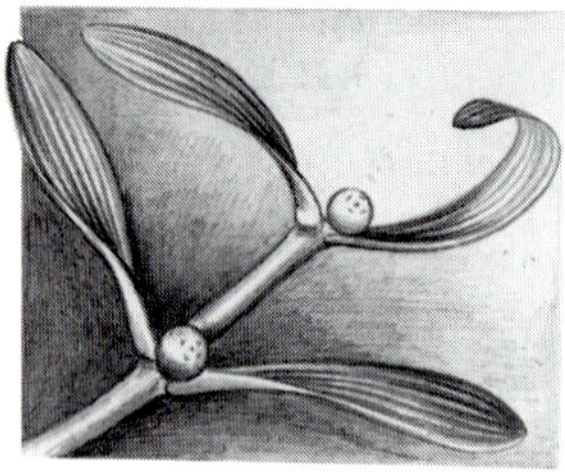

Waldgeißblatt
Lonicera periclymenum
Geißblattgewächse
(Caprifoliaceae)

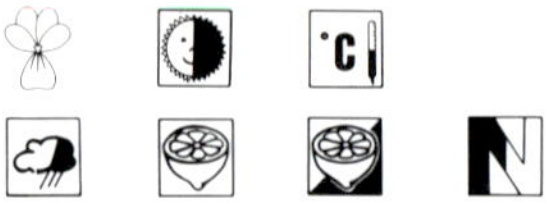

Andere Namen: Deutsches Geißblatt, Wildes Geißblatt
Verbreitung: Nordafrika, Kleinasien, Europa. D, CH, A, hauptsächlich in Nord- und Westdeutschland, selten im Süden, in Alpen teilweise fehlend.
Lebensraum: Tal bis 800 m. Waldrand, Gebüsche, Hecken, lichte Wälder, Bachufer und Auen. Bevorzugt mäßigwarme leicht saure bis saure Böden in halbschattiger Lage.
Vergesellschaftet mit Faulbaum, Stechpalme, Brombeere, Heidelbeere oder Schwarzer Heckenkirsche.
Erscheinungsbild: Dicht wuchernder Kletterstrauch mit von links unten nach rechts oben windenden Stengeln, an Sträuchern und Bäumen bis 10 m hoch kletternd. Älter kann der kräftige Stamm die Kletterhilfe einschnüren; bis 50 Jahre alt.
Blüte: Juni–August, nach Laubbildung.
Einhäusig, zweigeschlechtlich, auffällige trompetenartig verjüngte gelblichweiße, leicht purpurn überlaufene Lippenblüte, bis 5 cm, mit weit heraushstehenden Staubbeuteln und Narbe, stehen zu 3–5 (12) zusammen. Wohlriechender Duft, besonders abends.
Frucht: August–September.
Erbsengroße, glänzend dunkelrote, einkammerige

Beeren mit wenigen flachen, gelblichbraunen Samen. **Giftig!** Kinder davor warnen!
Blatt: Einfache, bis 6 (10) cm kurz gestielte oder direkt ansitzende Blätter, nicht miteinander verwachsen, glattrandig. Oben dunkelgrün, unten bräunlichgrün, kahl, nur jüngere Blätter behaart. Schwacher Bittergeschmack, nachhaltig brennendscharf.
Zweige: Unbewehrte, rechts windende, oft um sich selbst hochrankende, meist dünne gebogene Triebe, manchmal leicht behaart, ältere kahl und innen hohl. Alte Pflanzen mit kräftigen, einschnürenden Ranken. Langsamwüchsig.
Rinde: Hellbraun bis rotbraun, löst sich in langen Streifen.
Wirkstoffe: Nichts Näheres bekannt.
Ähnlich aussehende Arten: Eventuell zu verwechseln mit dem Echten Geißblatt, auch Gartengeißblatt (*L. caprifolium*) oder Jelängerjelieber genannt. Beim Echten Geißblatt sind jedoch die oberen Blätterpaare zusammengewachsen, die Blüten bleiben etwas kleiner, sitzen meist zu 6 direkt den Blätterpaaren auf.
Wert für Tiere: Blätter sind Raupennahrung für Blauschwarzen Eisvogel und Alpenscheckenfalter. Die langkelchige, nektarreiche Lippenblüte wird von Insekten mit langem Rüssel aufgesucht. Schwebfliegen fressen den Pollen und Kernbeißer, Wacholderdrossel oder Dompfaff gern die Beeren.
Besonderes: Waldgeißblatt und langrüsselige Nachtschwärmer passen hervorragend zueinander. Von Natur aus nicht eingeplant ist hingegen die Blütennutzung durch kurzrüsselige Schwebfliegen, Bienen oder Hummeln. Dennoch landen die leichten Schwebfliegen auf den Staubgefäßen und fressen sie leer, bohren Hummeln und Bienen seitlich in die Kelchröhre Löcher und zapfen den Nektar ab. Doch auch gegen solche einseitigen Ausnutzer antwortet die Blüte mit einem Trick: Sie sondert Nektar vorzugsweise in den Abendstunden ab, dann sind nur die rechten Blütengäste wach.

Gemeiner Kreuzdorn
Rhamnus cathartica
Kreuzdorngewächse
(Rhamnaceae)

Andere Namen: Purgier-Kreuzdorn, Echter Kreuzdorn
Verbreitung: Westasien, Europa. D, CH, A, im Norden verstreut, im Süden verbreitet.
Lebensraum: Meist in Ebene und Hügelland, steigt aber bis auf 1600 m. Waldrand, Hecken, Gebüsche, felsige Hänge. Am liebsten auf steinigen, kalkreichen und stickstoffhaltigen Böden in sonniger, mäßig warmer Lage.
Vergesellschaftet mit Schlehe, Weißdorn, Hartriegel, Brombeere, Haselnuß oder Rosenarten.
Erscheinungsbild: Dorniger, sparriger Mittelstrauch bis 3 m, baumartig selten 7 m. Bis 100 Jahre alt.
Blüte: Mai–Juni, nach Laubbildung.
Zweihäusig, unvollständig eingeschlechtlich, Scheibenblüten unscheinbar, unter 1 cm, gelblichgrün, 4blättrig aus den Blattachseln wachsend. ♂ Blüte zu 3–4 in dichten Büscheln, honigsüß riechend, ♀ Blüte eher vereinzelt, schwach honigsüß duftend.
Frucht: September–November.
Erbsengroße, kugelige, glänzend blauschwarze beerenartige Steinfrüchte mit 2–4 gelben Steinen, auf dünnem Stiel, meist in Büscheln. Strenger Geruch.
Giftig!
Blatt: Einfach, bis 7 cm lang, kreisrund bis langelliptisch, mit auffälligen 2- bis 4bogig zur Spitze laufen-

den Nervenpaaren, am Rand fein gezähnt, teils in Büscheln. Oberseits dunkelgrün, unterseits etwas heller, teils leicht behaart. Gelbbraune Herbstfärbung.
Zweige: Seitenäste und Zweige können mit dünnen Dornen enden, teils stark ineinander verwachsen, sparrig wirkend. Junge Triebe behaart, ältere kahl.
Rinde: Silbriggrau, älter schwarz, feinrissig, innen gelbrot. Stamm krumm, knorrig, gedreht.
Holz: Mit hellgelbem Splint und glänzend goldrotem Kern, gemasert, widerstandsfähig, sehr hart. Langsamwüchsiger Tiefwurzler.
Wirkstoffe: In Rinde und Frucht verschiedene Glykoside, Flavone, Bitterstoffe und Gerbstoffe. In zahlreichen Abführtees und -präparaten enthalten.
Ähnlich aussehende Arten: Der Felsenkreuzdorn (*R. saxatilis*) hat nur bis 3 cm lange Blätter mit 2–4 Nervenpaaren und wird meist nur um 1 m hoch, verstreut in Süddeutschland und Alpen. – Der Zwergkreuzdorn (*R. pumila*) hat bis 6 cm lange Blätter mit 4–9 Nervenpaaren, ist dornenlos, bleibt niederliegend bis 20 cm hoch, verbreitet in Alpen.
Wert für Tiere: Blätter Raupennahrung für Faulbaumbläuling und Zitronenfalter; die nektarreichen Scheibenblüten werden besonders von kleinen Fliegenarten und Faltern – speziell dem Kleinen Eisvogel – besucht, die Steinfrucht von Drosseln gefressen.
Besonderes: Der ebenfalls verbreitete Name Purgierdorn leitet sich vom lateinischen purgare her, was abführen heißt. Die stuhlanregende Wirkung ist im 16. Jahrhundert erstmals von Paracelsus beschrieben worden. Außer darmreizenden Stoffen enthalten Rinde und Beeren noch Naturfarbstoffe, die sich mit Alaun und Pottasche extrahieren lassen: Speziell Saftgrün stammt aus Kreuzdornrinde, durch Alkalischmachen enthält der naturbewußte Maler Gelb, durch Versetzen mit Säure Rot. Die giftigen Beeren schmecken zuerst süß (danach allerdings nachhaltig bitter), Kinder vor ihnen warnen!

Wolliger Schneeball
Viburnum lantana
Geißblattgewächse
(Caprifoliaceae)

Anderer Name: Schlinge
Verbreitung: Kleinasien bis Europa. D, CH, im Norden seltener, im Süden verstreut, häufig in A.
Lebensraum: Vom Tal bis in 1400 m Höhe. Gebüsche, Hecken, Waldrand, lichte Laubwälder, steinige Hänge, felsige Kuppen. Sonne und Wärme liebend. Vergesellschaftet mit Liguster, Rotem Hartriegel, Heckenkirsche, Seidelbast, Haselnuß, Weißdorn, Berberitze, Brombeer- und Rosenarten.
Erscheinungsbild: Kompakter Mittel- bis Großstrauch zwischen 2 und 5 m. Reich verzweigt, dicht.
Blüte: Mai–Juni, nach Laubbildung.
Einhäusig, zweigeschlechtlich, 30–50 bis ½ cm breite, unscheinbare 5blättrige Scheibenblüten in einer bis handbreiten, flach gewölbten Trugdolde. Weiß bis gelblichweiß. Intensiv süß duftend.
Frucht: August–September.
Eiförmig platte, erbsengroße Steinbeere mit flachem Kern. Unreif grün, rot reifend, vollreif schwarz. Verschiedene Reifestadien in einer Dolde, rote und schwarze Früchte häufig zusammen. **Giftig!**
Blatt: Dick, runzlig, bis 12 cm lang. Oberseits dunkelgrün, manchmal behaart, unterseits heller und dicht graufilzig behaart. Fühlt sich kräftig rauh an. Herbstfärbung rötlichbraun. Schwacher Bittergeschmack.

Zweige: Unbewehrt, aufrecht, stark verzweigt, vor allem junge Zweige dicht grau bis bräunlich filzig behaart. Sehr lange und rutenförmige Triebe sind biegsam (Name: Schlinge). Hohl mit weißem Mark. Schnellwüchsiger Flachwurzler.
Rinde: Grau bis braun, rauh, reißt längs auf, korkig. Bildet Wurzelschößlinge.
Wirkstoffe: Nichts Näheres bekannt.
Ähnlich aussehende Arten: Eventuell Gemeiner Schneeball (*Viburnum opulus*), unterscheidet sich jedoch leicht anhand der gelappten, ungezähnten Blätter.
Wert für Tiere: Für die Blätter gibt es Spezialisten, etwa den Schneeballblattkäfer. Die leicht zugänglichen nektarreichen Scheibenblüten besuchen Honigkäfer, Raupenfliegen oder Goldwespen. Die Beeren sind bei Singdrossel, Kernbeißer und Rötelmaus so beliebt, daß sie oft bereits unreif rot gefressen werden.
Besonderes: Sehr dekorativer Strauch, sowohl im blühenden als auch im fruchtenden Zustand. Die Blüten sehen aus wie verzauberte Bälle aus Schnee. Erfinden Sie doch dazu ein Märchen und erzählen es jemand, den Sie mögen! Beginnen könnte es ungefähr so: Es war einmal eine kleine Schneeflocke...
Die giftigen Früchte schmecken fade, schleimig süßlich. Kinder warnen!

Pfaffenhütchen
Euonymus europaeus
Spindelbaumgewächse
(Celastraceae)

Anderer Name: Spindelstrauch
Verbreitung: Europa bis Westasien, D, CH, A, verbreitet.
Lebensraum: In Ebene und Hügelland, steigt bis 1200 m. Lichte Wälder, Auen, Uferbewuchs, Waldrand, Gebüsche, Hecken. Schattenverträglich, gern auf frischen, stickstoffhaltigen, kalkreichen und mäßig warmen Standorten.
Vergesellschaftet mit Hartriegel, Haselnuß, Weißdorn, Traubenkirsche, Schwarzem Holunder, Hainbuche, Himbeere, Johannisbeere, Gemeinem Schneeball und Weidenarten.
Erscheinungsbild: Sparriger Mittelstrauch zwischen 2–4, baumförmig selten bis 6 m hoch. Dicht und buschig.
Blüte: Mai–Juni, nach Laubbildung.
Einhäusig, zweigeschlechtlich, unscheinbare, bis 1 cm breite, gelblichgrüne Scheibenblüten, blattachselständig in langgestielten Trugdolden. 4 schmale Blütenblätter, Staubbeutel gelb (unterentwickelte Blüten sind eingeschlechtlich). Schwach duftend.
Frucht: August–Oktober.
Bis 2 cm breite, auffällig rosa bis scharlachrote, vierklappige, viersamige Kapsel. Weißlich, ovale Samen, jeweils von intensiv orangefarbenem, fleischigem

Samenmantel umgeben, bei offener Kapsel an Faden heraushängend. **Giftig!** (Vorsicht bei Anbau im Garten!)

Blatt: Einfach, bis 10 cm lang, lanzettlich-eiförmig zugespitzt, am Rand fein gesägt, kahl. Oberseits dunkelgrün, unterseits bläulichgrün. Purpurrote Herbstfärbung. Bittergeschmack.

Zweige: Unbewehrt, oft rutenförmig lang, dünn. Junge Zweige grün, später bräunlichgrün mit vier charakteristischen Korkleisten, auf Sonnenseite teils angerötet.

Rinde: Älter borkig, kantenlos und graubraun.

Holz: Gelblich, feinporig, sehr hart. Mittelschneller Kompaktwurzler.

Wirkstoffe: In Früchten ein chemisch unbekannter Bitterstoff, bis zu 30% Öl, das spezifische Glykosid Evonosid sowie verschiedene Farb- und Gerbstoffe. Die Wurzelrinde ist besonders reich an Guttapercha (bis zu 15%), einer kautschukähnlichen Masse.

Ähnlich aussehende Arten: Breitblättriger Spindelstrauch (*E. latifolia*), 2–5 Meter, Zweige ohne Korkleisten, fünfzählige bräunlich-grüne bis rote Blüten, 5klappige Fruchtkapsel.

Warziger Spindelstrauch (*E. verrucosa*), bis 2 Meter, runde, dicht korkwarzige Zweige, vierzählige grünbraune, fein rot punktierte Blüten, vierklappige Kapsel, kugelige schwarze Samen, nur halb ummantelt.

Wert für Tiere: Die nektarreichen Scheibenblüten werden von Schwebfliegen, Sandbienen, Honigbienen und Blaubockkäfer besucht, die gelben Samen von Vögeln, vor allem dem Rotkehlchen, gefressen.

Besonderes: Der Genuß größerer Mengen der roten Früchte führt nach 15–16 Stunden zu starken Magen-Darm-Koliken, Fieber, Kurzatmigkeit, Kreislaufstörungen bis hin zum Kollaps. Die Schönheit der Früchte ist für andere da, für Vögel – Samenträger und Verbreiter des Pfaffenhütchens.

Gemeiner Schneeball
Viburnum opulus
Geißblattgewächse
(Caprifoliaceae)

Anderer Name: Wasserschneeball
Verbreitung: Nordasien, Europa. D, CH, A, weit verbreitet.
Lebensraum: Von der Ebene bis ins Bergland auf 1300 m. Gebüsche, Gewässerufer, Auen, Waldrand, Laubwälder. Liebt mäßig warme, feuchte, halbschattige Lagen mit humosem, gern kalkigem Boden. Selten auf trockenerem Standort, dann meist Sickerstellen anzeigend.
Vergesellschaftet mit Pfaffenhütchen, Schwarzem Holunder, Himbeere, Johannisbeere, Traubenkirsche, Efeu, Waldrebe und Weidenarten.
Erscheinungsbild: Mittel- bis Großstrauch bis 5 m mit dünnen, langen, leicht gebogenen Zweigen.
Blüte: Mai – Juni, nach Laubaustrieb.
Einhäusig, zweigeschlechtlich, zwei 5blättrige Blütentypen: außen Kranz von 10 – 30 bis 2 cm großen, weißen, unfruchtbaren Scheinblüten, innen 30 – 50 bis 1/2 cm kleine, unauffällige, weißgelbliche, fruchtbare Scheibenblüten in einer leicht gewölbten, schirmförmigen Trugdolde. Betäubend süßer Duft.
Frucht: September – Oktober.
1 cm lange, eirunde, seitlich platte „Beeren“ mit flachem rosa Steinkern. Glänzend rot. Hängen manchmal bis zum nächsten Frühjahr am Strauch.
Giftig!

Blatt: Einfach, 3- bis 5lappig, bis 12 cm, langgestielt. Oberseits dunkelgrün und kahl, unterseits heller grün und schwach flaumig behaart. Nektarausscheidende Drüsen am Blattstiel. Herbstfärbung rot bis rotbraun. Bittergeschmack.
Zweige: Unbewehrt, biegsame, oft gekrümmte, kahle Seitenzweige, teils kantig.
Rinde: Hellbraun bis rötlich, älter grau.
Holz: Mit rötlichweißem Splint und gelbbraunem Kern. Schnellwuchsig. Flachwurzler mit Schößlingen.
Wirkstoffe: In Rinde, Blatt und Frucht der Bitterstoff Viburnin, in der Frucht außerdem Saponin, 3% Gerbstoffe und ca. 5% Pektin.
Ähnlich aussehende Arten: Der Gemeine Schneeball ist durch seine ungewöhnlichen Scheinblüten und gelappten Blätter kaum zu verwechseln.
Wert für Tiere: Auf die Blätter spezialisiert hat sich der Schneeballblattkäfer, die nektarreichen Scheibenblüten werden besucht von Blütenböcken, Blumenwanzen oder Dickkopffliegen. Den Saft mögen Blattläuse gern, Früchte werden von Seidenschwänzen geholt.
Besonderes: Von Natur aus haben Scheinblüten eine Funktion: Sie sind das „Balzkleid" der Pflanzen. Verführt werden sollen bestäubende Insekten. Der weiße Scheinblütenkranz des Gemeinen Schneeballs erfüllt gleichsam perfekt die Zielorientierung, sagen wir einer Schwebfliege, beim Nahrungssuchflug. Von weitem signalisiert er süß belohnende Speise, der pflanzliche Dank für die Insektenbefruchtungshilfe. Und dann kam der Mensch. Und der schuf sich einen Schneeball, der zu Recht den Nachnamen „Sterile" trägt, zu Deutsch: Gefüllter Schneeball, der nach dem Mensch allein aus Scheinblüten besteht. Nektar gibt es hier nicht, auch nicht Vogelfutter, diese Art Scheinblüten bleibt funktionslos, nahrungslos – steril eben.

Schwarzer Holunder
Sambucus nigra
Geißblattgewächse
(Caprifoliaceae)

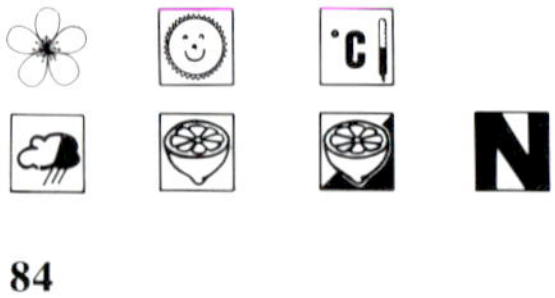

Andere Namen: Holler, Holder, Eller, Flieder
Verbreitung: Kleinasien, Europa bis Kaukasus. D, CH, A, weit verbreitet.
Lebensraum: Von der Ebene bis in Berglagen auf 1200 m. Dünen, Waldunterwuchs, Auen, Waldrand, Hecken, Gebüsche, Wegrain. Anpassungsfähig, am liebsten jedoch auf sauren bis mäßig sauren, stickstoffreichen, mäßig warmen und sonnigen Standorten.
Vergesellschaftet mit Sanddorn, Weißdorn, Schlehe, Haselnuß, Efeu, Waldgeißblatt, Roter Heckenkirsche, Traubenkirsche, Pfaffenhütchen, Hainbuche, Gemeinem Schneeball und Weidenarten.
Erscheinungsbild: Mittel- bis Großstrauch zwischen 3–8 m, mit langaufsteigenden, wenig verzweigten Einzeltrieben. Kronenbildung selten, dickere Stämme oft krumm verwachsen. Bis 80 Jahre alt.
Blüte: Juni–August, nach Laubbildung.
Einhäusig, zweigeschlechtlich, gelblich-weiße, unscheinbare, fünfblättrige Scheibenblüten, um $^1/_2$ cm breit, meist über 100 zusammen in bis zu kindskopfgroßen, fünfstrahligen Trugdolden. Intensiv fruchtig süßer Duft.
Frucht: August – September.
Bis erbsengroße, eiförmige bis kugelige, zuerst grüne, dann blauschwarz glänzende Früchte an dunkel-

roten Stielen. Reich an rotem Saft und kleinen Steinkernen. **Gekocht eßbar.** Eigentümlich intensiv würziger Geschmack.
Blatt: Zusammengesetzte, unpaarige Fieder, bis ellenbogenlang aus 5 (3–7) am Rand gesägten, elliptisch spitzen Einzelblättern bis 20 cm. Oberseits stumpf dunkelgrün, unterseits heller, schwach behaart oder kahl. Laubaustrieb teilweise schon im Februar. Gelbliche Herbstfärbung. Starker, strenger Geruch. Leichter Bittergeschmack.
Zweige: Unbewehrt, lange, wenig verzweigte Triebe. Jung grün und schon recht dick, älter hellgrau glänzend, getüpfelt mit braunen Rindenporen. Innen hohl, weißes Mark.
Rinde: Hellbraun bis grau, rissig.
Holz: Gelblichweiß, im Hauptstamm kernlos, hart und fest. Strenger Geruch.
Wirkstoffe: In Blüten hauptsächlich ätherische Öle, dann Flavone, Glykoside (Sambucin), Schleim, Gerbstoffe und Cholin. In Rinde und Blättern Glykoside, Alkaloide, Harze, Bitter- und Gerbstoffe. In Beeren Fruchtzucker, Fruchtsäuren, Gerbstoffe, die Vitamine B_1, B_2, Nicotinamid und bis zu 18 mg Vitamin C auf 100 g Frucht.
Ähnlich aussehende Arten: Traubenholunder (*S. racemosa*), jedoch kleiner und gedrungener, Früchte leuchtend rot.
Zwergholunder (*S. ebulus*), auch Attich, bis 2 m, bleibt meist krautig, Blätter noch länger und schmäler.
Wert für Tiere: Die pollenreichen Scheibenblüten ernähren Rosenkäfer und Blumenfliegen. Die Beeren sind bei Vögeln äußerst beliebt, speziell bei der Mönchsgrasmücke.
Besonderes: Unsere germanischen Vorfahren pflanzten Holler neben Holler als göttlichen Wohnort und Haussegen um sich. Bringen Sie doch wenigstens Ihren Kindern zur Phantasie und zum Schutz Frau Holle ein Stück näher!

Traubenholunder
Sambucus racemosa
Geißblattgewächse
(Caprifoliaceae)

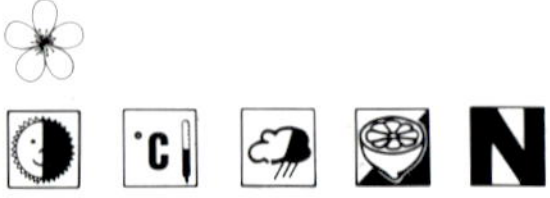

Andere Namen: Roter Holunder, Hirschholunder, Bergholunder
Verbreitung: Kleinasien bis Nordchina, Europa. D, CH, A, in Norddeutschland selten, im Süden verstreut.
Lebensraum: Am häufigsten in Mittelgebirgs- und Berglagen bis 1900 m. Lichte Wälder, Gebüsche, Hecken oder Wegraine. Liebt kalkarmes Grundgestein oder lockere, stickstoffreiche Böden in halbschattiger, mäßig warmer Lage.
Vergesellschaftet mit Salweide, Himbeere, Brombeere, Waldrebe, aber auch mit Berberitze oder Hundsrose.
Erscheinungsbild: Mittelgroßer Strauch bis 3 (4) m, nur ausnahmsweise baumartig. Lange vom Boden kommende Einzeltriebe, wenig verzweigt, keine Kronenbildung. Der „kleine Bruder" des Schwarzen Holunders, im Erscheinungsbild sehr ähnlich.
Blüte: April – Mai, Laubaustrieb meist parallel.
Einhäusig, zweigeschlechtlich, 30 – 50 unscheinbare, bis $^1/_2$ cm große, fünfblättrige Scheibenblüten bilden eine aufrechte, eiförmige, fingerlange Rispe. Zuerst grün, dann grünlichgelb bis gelb. Süßlich aromatisch duftend.
Frucht: Juni – August.
Bis $^1/_2$ cm dick, dicht gedrängt in der manchmal jetzt

hängenden Rispe sitzend. Weit sichtbare korallenrot leuchtende Beeren, saftig mit gelbbraunen, abgeflachten Samensteinen. Eine der ersten Wildstrauchfrüchte überhaupt. **Bis auf Steinkerne nach dem Kochen eßbar, roh ungenießbar!** Herbes Aroma.
Blatt: Zusammengesetzte, meist fünfteilige, unpaarige, handgroße Fieder aus kurzgestielten, am Rand gesägten Einzelblättern bis 8 cm. Oberseits dunkelgrün, unterseits bläulichgrün. Stark riechend. Gelbgrüne Herbstfärbung.
Zweige: Unbewehrt, lang durchgehend, wenig verästelt. Dünn und glatt, innen hohl mit Mark, bei einjährigen Zweigen meist gelblich, bei älteren gelbbraun gefärbt.
Rinde: Grau- bis rötlichbraun mit deutlichen Rindenporen.
Wirkstoffe: Nichts Näheres bekannt.
Ähnlich aussehende Arten: Schwarzer Holunder (*S. nigra*) wird insgesamt größer (bis 8 Meter), seine Blätter sind doppelt so lang (15 cm), Blüten und Mark sind weiß, Früchte schwarz. Schwarze Früchte hat auch der Zwergholunder (*S. ebulus*), der nur $\frac{1}{2}$ m hoch wird und meist krautig bleibt.
Wert für Tiere: Die leicht zugänglichen, pollenreichen Scheibenblüten werden von Grasgrüner Stinkwanze und Schwebfliegen besucht. Blätter sind Raupennahrung für Skabiosen-Scheckenfalter und Käfer (z. B. Spanische Fliege), am Saft laben sich Röhrenläuse, die Beeren werden von zahlreichen Vogelarten gern gefressen.
Besonderes: Der Traubenholunder ist der kleine Bruder des Schwarzen Holunder und ob dessen Berühmtheit ein wenig in Vergessenheit geraten. Verdient hat er das nicht, denn auch ein schattengewohnter Kleiner braucht ab und zu vom Licht der Aufmerksamkeit. Dekorativ und wertvoll, wie er ist, fällt es nicht schwer, ihm einen gleichen Platz zuzugestehen.

Gemeine Waldrebe
Clematis vitalba
Hahnenfußgewächse
(Ranunculaceae)

Anderer Name: Weiße Waldrebe
Verbreitung: Kleinasien, Kaukasus, Europa. D, CH, A, in Nord- und Nordwestdeutschland seltener, verbreitet im Süden.
Lebensraum: Tal bis in Mittelgebirgslagen. Gebüsche, Hecken oder Waldrand, Auen, Geröllhalden, Felshänge. Wärmeliebender, lichtbedürftiger Kletterstrauch auf kalkhaltigem und stickstoffreichem Boden von mäßiger Feuchte.
Vergesellschaftet mit Liguster, Berberitze, Schlehe, Hundsrose, Hartriegel, Weißdorn, Haselnuß, Efeu, Heckenkirsche, Faulbaum, Pfaffenhütchen und Rosenarten.
Erscheinungsbild: Dicht wuchernder Kletterstrauch an Sträuchern oder Bäumen bis zu 12 m, diese manchmal zuwachsend, aber auch auf dem Boden liegend bis 1 m. Bis 25 Jahre alt.
Blüte: Juni – August, nach Laubbildung.
Einhäusig, zweigeschlechtlich, übersät mit 2 cm breiten, weißlichgelben Scheibenblüten mit 4 langen, schmalen, beiderseits filzigen Blütenhüllblättern. Bis 15 gestielte Blüten angeordnet in bis 20 cm langer Rispe. Wohlriechend.
Frucht: Juli – September.
Unter 1/2 cm kleine, rotbraune, behaarte Nußfrüchte mit bis 3 cm langer, weißer, fedriger, dichtbehaarter

Flugvorrichtung zusammen auf Köpfchen sitzend. Oft bis in den Winter am Strauch. **Ungenießbar!**
Blatt: Zusammengesetzt aus 3–5 Fiederblättern, insgesamt bis 25 cm lang. Einzelblätter gestielt, herz-eiförmig, grob eingeschnitten, gekerbt, selten glattrandig. Oberseits dunkelgrün, kahl, unterseits heller grün, an den Nerven leicht behaart. Die Blattstiele ranken linkswindend. Gelbe Herbstfärbung.
Zweige: Unbewehrt, lang und dünn, mit Hauptblattstielen und Stielen der Fiederblätter kletternd. Sechskantig, regelmäßig knotig verdickt. Jung dunkelbraun, älter graubraun. Alte Stämme bis 5 cm dick, lianenartig bis in die Baumkronen hängend.
Holz: Sehr weitlumig. Schnellwüchsiger Tiefwurzler.
Wirkstoffe: Keine genauen Angaben, enthält wahrscheinlich Protoanemonin, Saponin und ein Alkaloid.
Ähnlich aussehende Arten: Die Waldrebe ist der einzige nur mit Blattstielen kletternde heimische Strauch. Durch den Standort unterscheidet sich die Alpenwaldrebe (*C. alpina*), die Gebüsche und felsige Hänge von Alpen und Voralpen zwischen 1000 bis 2400 m verstreut besiedelt, nur 1–4 m hoch wird und außerdem noch bis zu 6 cm große violette bis hellblaue Blüten hat.
Wert für Tiere: Die pollenreichen Scheibenblüten werden besucht von Honigbiene und Pillenwespe, die Blätter dienen den Raupen des Waldrebenschmuckspanners als Nahrung. Der gesamte Strauch bietet hervorragende Deckung und Nistmöglichkeiten.
Besonderes: Die Waldrebe ist unser natürlicher Spezialist zur Hausbegrünung: Schnellwüchsig, lichthungrig und hochwachsend.
Zur Berankung von Lauben, Garagen oder Hauswänden empfiehlt sie sich, allerdings nur mit Kletterhilfe.

Gemeiner Wacholder
Juniperus communis
Zypressengewächse
(Cypressaceae)

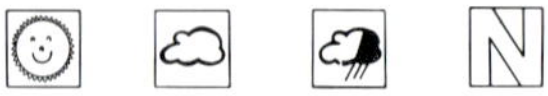

Andere Namen: Heidewacholder, Machandel
Verbreitung: Nordafrika, Nordasien, Nordamerika, Europa. D, CH, A, verstreut, Gebirgsform am Monte Rosa bis 3750 m.
Lebensraum: Von der Ebene bis auf 2000 m. Heidegebiete, Unterwuchs in lichten Nadelwäldern, steinige und felsige Hänge. Äußerst anpassungsfähig, mit Vorliebe auf trockenen bis mäßig feuchten Standorten mit stickstoffarmen Böden, schattenverträglich.
Vergesellschaftet mit Berberitze, Heidekraut, Schneeheide, Blaubeere, Preiselbeere oder Rostroter Alpenrose.
Erscheinungsbild: Variabel, bizarr gestalteter Klein- bis Großstrauch zwischen 1/2 bis 8 m, baumartig bis 15 m, dann oft säulenartig und mehrstämmig. Bis 1000 Jahre alt.
Blüte: April–Mai, nach Nadelaustrieb.
Zweihäusig, eingeschlechtlich, ♂ Blüten unscheinbar gelbbraun bis 1/2 cm lang, kätzchenförmig, zu 3 an der Nadelbasis, ♀ Blüten noch kleiner und unscheinbarer, hellgrün, knospenähnlich, zu 3 nebeneinander. Fein aromatischer Duft.
Frucht: September–Oktober im 2. oder 3. Jahr.
Im 1. Jahr eiförmig, grün, im 2. oder 3. Jahr zuerst dunkelbraun bis bläulich, dann blauschwarz bereift,

bis erbsenrund. Dreiteilige Scheinbeere mit 3 hellbraunen länglichen Samen. **Eßbar.** Bittersüßer würzig-harziger Geschmack, würziger Duft.
Blatt: Flache bis dreikantige, stechend spitze, harte Nadeln bis 2 cm, zu 3 in Quirlen, immergrün, bis 4 Jahre alt. Oberseits flachrinnig hellgrün mit bläulich-weißen Mittelstreifen, unterseits hellgrün. Harzig-bitterer, würziger Geschmack. Fein aromatischer Duft.
Zweige: Unbewehrt, aber durch die Nadeln stachelig, dünn benadelt, reich verästelt, teils kantig, aufrecht oder hängend. Jung rotbraun, älter grauer, rissig.
Rinde: Braungrün bis schwarzgrau, längs abblätternd, oft tiefrissig.
Holz: Mit rötlichgelbem Splint, rötlichbraunem Kern, feinfaserig, zäh, fest, dauerhaft. Wohlriechend. Langsamwüchsiger Tiefwurzler.
Wirkstoffe: Vor allem ätherische Öle, in Beeren bis zu 2 %, außerdem bis zu 9 % Harze, bis 30 % Zucker, Gerbstoffe, Flavone und Wachs.
Ähnlich aussehende Arten: Geht im Hochgebirge in den Zwergwacholder (*J. saxatilis*) über, bis 1/2, selten 1 m, meist kriechend, Nadeln gekrümmt, unterseits weißlichgrün und kaum stechend. Außerdem ähnlich Gemeiner Sadebaum (*J. sabina*), bis 2 m, selten 3 m, kriechend oder aufrecht, Blätter nadelförmig oder geschuppt, verstreut in Voralpen und Alpen.
Wert für Tiere: Auf die Triebspitzen hat sich eine Gallmückenart spezialisiert, unter der Rinde bohrt die Larve des Vierpunktprachtkäfers, die Früchte werden gern von Wacholderdrossel, Birkwild und Tauben gefressen.
Besonderes: Hieronymus Bock, kräuterkundiger Arzt und Schreiber, berichtet 1551 in seinem „Kreutterbuch", daß man „Wacholder, den Weckholterbaum inn Teutschen Landen auff den kalten rauhen Bergen überschwencklich viel findet". Kaum ein anderer macht es ihm nach, kommt mit Trockenheit, Kälte, Eis und Schnee so gut aus wie unser Gemeiner Wacholder.

Rispelstrauch
Myricaria germanica
Tamariskengewächse
(Tamaricaceae)

Anderer Name: Deutsche Tamariske
Verbreitung: Europa. D, CH, A, verstreut im Süden, verbreitet in Alpen und Vorland.
Lebensraum: Von der Ebene bis Höhenlagen in 2000 m. Auf Sand und Kiesbänken, im Schotterbett von Flüssen, als Ufergewächs. Pionierstrauch der untersten Überschwemmungszone nährstoffarmer Gebirgsflüsse, angewiesen auf feuchte, mäßig warme, felsige oder sandige Standorte hoher Lichtintensität. Kalkliebend. Oft vergesellschaftet mit Lavendelweide, Purpurweide und Sanddorn.
Erscheinungsbild: Aufrechter Kleinstrauch von 1–2 m. Dünnästig und zierlich. Oft massenweise.
Blüte: Mai–September, meist Juni–Juli, nach Laubbildung.
Einhäusig, zweigeschlechtlich, bis 1/2 cm breite, blaßrosa bis hellrote, 5blättrige Scheibenblüten in endständigen, bis 20 cm langen Trauben, grüne Kelchblätter, 10 hellrote Staubbeutel, Staubgefäße an der Basis verwachsen.
Frucht: Juli–Oktober.
Schmale, spitz zulaufende, bis 2 cm lange grünbraune Kapsel, die zahlreiche winzige, flugfähige Samen mit federartiger Schirmkrone entläßt. **Ungenießbar!**
Blatt: Nadelförmige, unter 1/2 cm kleine, längliche

Schuppen, dachziegelartig sich deckend. Jung anliegend, älter abstehend, kahl, bläulichgrün, punktiert.
Zweige: Unbewehrt, dünn, aufrecht, rutenförmig, kahl. Jung blaugrün. Schnellwüchsiger Tiefwurzler.
Rinde: Erst blaugrün, älter gelbgrün.
Wirkstoffe: Nichts Näheres bekannt.
Ähnlich aussehende Arten: Keine.
Wert für Tiere: Die nektarreichen Scheibenblüten werden gern von Blumenfliegen und Bläulingen besucht, die Kapseln dienen samenfressenden Vögeln, etwa dem Distelfink, als Nahrung.
Besonderes: Gemessen an den maximal 500 Lebensjahren eines Weißdorns bleibt der Rispelstrauch mit 10 Jahren ewig Kind. Doch älter kann er dort, wo er wächst, kaum werden. Denn natürlicherweise ändern Flüsse alle paar Jahre ihr Bett und verschieben die Sandmassen und Schotterbänke, auf denen ein Rispelstrauch wurzelt – er steht also sozusagen auf wackeligem Boden. Wer so schnell sterben kann, muß auch im Überleben schnell sein und für möglichst viele Nachkommen sorgen. Und weil in der Nachkommenzahl der Rispelstrauch den Weißdorn jedes Lebensjahr bei weitem überflügelt, überlebt er genauso gut. Ob ein langes Leben oder fünfzig schnelle Leben nacheinander, 500 Lebensjahre zählen in der Natur letztendlich gleich – als Überleben.

Gagelstrauch
Myrica gale
Gagelstrauchgewächse
(Myricaceae)

Anderer Name: Brabanter Myrte
Verbreitung: Nordamerika, Europa bis Nordasien. D, verstreut im Norden und Nordwesten.
Lebensraum: In Tallagen. Torfmoore, Sümpfe, Heidegebiete, Küste. Auf feuchten bis nassen, sauren, stickstoffarmen und sonnigen Standorten.
Vergesellschaftet mit Heidekraut, Glockenheide, Frühlingsheide, Blaubeere, Faulbaum oder Weiden.
Erscheinungsbild: Buschiger Kleinstrauch um 1 m mit rutenförmigen, dünnen Zweigen, nur schwache Stammbildung. Am guten Standort flächendeckend.
Blüte: März–Mai, vor Laubaustrieb.
Zweihäusig, eingeschlechtlich, ♂ Kätzchen bis 2 cm lang, bis zu 20 aufrecht stehend an Zweigenden, rotgolden beschuppt, ♀ Blüten unscheinbarer, nur bis $^{1}/_{2}$ cm, braun, mit zwei langen roten Narben, vereinzelt in den Blattachseln. Aromatischer Duft.
Frucht: Juni–August.
Bis 1 cm lange Zäpfchen mit bis 20 trockenen braunen, dreispitzigen Steinfrüchten mit gelben Harzdrüsen. Aromatischer Duft. **Ungenießbar.**
Blatt: Einfach, bis 5 cm lang, stumpf lanzettförmig mit kurzem Stiel, an der Spitze etwas gesägt, sonst glattrandig. Oberseits tiefgrün und kahl, unterseits heller, dünn behaart. Aromatischer Duft. Harzigbitterer Geschmack.

Zweige: Unbewehrt, dünn, rutenförmig, reich verästelt. Jung rotbraun, weichhaarig und mit kleinen gelben, duftenden Harzdrüsen besetzt, älter heller, kahl.
Rinde: Grau- bis rotbraun, glatt.
Holz: Weißlichgrün. An Wurzeln stickstoffsammelnde Strahlenpilze in bis erbsengroßen Schwellungen. Langsamwüchsig.
Wirkstoffe: In Blättern, Zweigen und Blüten vorwiegend ätherische Öle, in der Rinde Gerbstoffe und in der Wurzel Flavone.
Gegen Ungeziefer legte man früher die aromatisch duftenden Triebe und Blätter zwischen Bettmatratzen oder Wäsche.
Ähnlich aussehende Arten: Keine.
Wert für Tiere: Knospen und Kätzchen besonders wertvoll für Birkhühner, oft deren einzige Nahrung im Winter und Frühjahr.
Besonderes: Der Gagelstrauch ist ein Torfspezialist. Er liebt die Eigenschaften eines Hochmoores: Säure, stauende Nässe und chronische Nährstoffarmut. An solchen Standorten kommt er zurecht. Wo nährstoffarme Hochmoore fehlen, fehlt auch der Gagelstrauch, mit ein Grund für seine Seltenheit im Süden. Inzwischen sind aber auch die Moore des Nordens Sack für Sack abgetorft und in Gärten und Grünanlagen verschwunden. Gagelstrauchschutz ist zuallererst Moorschutz.

Salweide
Salix caprea
Weidengewächse
(Salicaceae)

Anderer Name: Palmweide
Verbreitung: Europa bis Nordasien. D, CH, A, verbreitet.
Lebensraum: Vom Tal bis in Berglagen auf 2100 m. Lichte Mischwälder, Auen, Uferbewuchs, Waldrand, Hecken, Gebüsche, Wegraine, Brachflächen. Anspruchslos, bevorzugt jedoch kalkige, nährstoffreiche und etwas feuchte Böden, benötigt sonnige Standorte.
Vergesellschaftet mit Himbeere, Traubenholunder, Hainbuche, Kornelkirsche, Haselnuß, Efeu, Heckenkirsche, Schwarzem Holunder, Brombeere und anderen Weidenarten.
Erscheinungsbild: Dickästiger Mittel- bis Großstrauch zwischen 1–3 m, baumartig bis 7 (10) m. Reich belaubt, Krone oft besenförmig. Bis 70 Jahre.
Blüte: März–April, vor Laubbildung.
Zweihäusig, eingeschlechtlich, ♂ Kätzchen bis 5 cm lang, eiförmig-walzig, mit leuchtend gelben Staubbeuteln, ♀ Kätzchen bis 7 cm lang, eher zylindrisch, grün. Feiner Honigduft.
Frucht: Juni–Juli.
Weiße, seidige, lanzettliche, langgestielte Kapseln in 2 Klappen aufspringend; enthalten millimetergroße, flugfähige, braune Samen mit langen weißen Haarbüscheln. **Ungenießbar!**

Blatt: Einfach, bis 10 cm lang und 6 cm breit, meist eiförmig, am Grunde abgerundet, glattrandig oder leicht gesägt, mit kurzer, zurückgebogener Spitze. Jung weißfilzig behaart, später verkahlend. Oberseits dunkelgrün, matt, unterseits blaugrün, deutlich genervt. Herbstfärbung gelbbraun. Anfangs süßer, dann kratzender Bittergeschmack.
Zweige: Unbewehrt, dick und kräftig, oft rutenförmig, an der Sonnenseite angerötet. Jung grünlich und schwach behaart, älter grau bis braun, kahl, hohl mit braunem Mark.
Rinde: Glatt, hell- bis dunkelgrau, älter borkig, rissig. Schwachwürziger Geruch.
Holz: Mit weißgelbem Splint und rötlich hellgelbem Kern, weich, leicht. Schnellwüchsiger Flachwurzler.
Wirkstoffe: In Rinde vor allem die Glykoside Salizin und Populin sowie Gerbstoffe. Getrocknete Rinde wirkt fiebersenkend und schmerzstillend und fördert die Schweiß- und Harnproduktion.

Ähnlich aussehende Arten:

Frühblühend
Reifweide, auch Schimmelweide (*S. daphnoides*), 4–10 m, März–April, männliche Kätzchen bis 4, weibliche bis 6 cm, Blätter bis 10 cm lang, bis 3 cm breit; Flußufer, Auen, Strand, verstreut im Süden, verbreitet in Alpen und Vorland.
Purpurweide, Steinweide (*S. purpurea*), 1–6, selten bis 10 m, März–April, männliche Kätzchen bis 5, weibliche bis 3 cm, Blätter bis 10 cm lang und 1 cm breit, purpurrote Zweige, verbreitet in Auen, als Uferbewuchs, auf feuchten Wiesen.
Korbweide, Bandweide oder Hanfweide (*S. viminalis*), 2–4, auch bis 10 m, männliche und weibliche Kätzchen bis 3 cm, Blätter bis 15 cm lang und 2 cm breit, Ufer, Gebüsch, Wegränder, verbreitet im Norden, im Süden verstreut oder fehlend.
Lavendelweide (*S. elaeagnos*), 1–6, auch bis 16 m, März–April, männliche Kätzchen

bis 3 cm, weibliche bis 8 cm, Blätter bis 12 cm lang und 2 cm breit, am Rand eingerollt, unten weißgrau filzig, verstreut als Bach- und Flußbegleiter im Süden.
Grauweide, Aschweide (*S. cinerea*), 2–6 m, männliche Kätzchen bis 5, weibliche bis 8 cm, Blätter bis 12 cm lang und 4 cm breit, verbreitet in Sümpfen, Flußauen, an Waldrändern.
Schwarzweide (*S. nigricans*), $^1/_2$–2 m, April–Mai, männliche Kätzchen bis 3, weibliche bis 6 cm, Blätter 10 cm lang und 5 cm breit, trocken schwarzwerdend. Im Nordwesten fehlend, sonst an Sümpfen, Mooren, Bachufern verstreut, im Süden fehlend.
Ohrweide, Salbeiweide (*S. aurita*), 1–2 m, April–Mai, männliche Kätzchen bis 2, weibliche bis 3 cm lang, Blätter bis 4 cm lang und 2 cm breit mit charakteristischen großen Nebenblättern (Ohren), verbreitet in Mooren, Ufer, feuchte Waldränder.
Kriechweide, Moorweide (*S. repens*), $^1/_2$–1 m, April–Mai, männliche und weibliche Kätzchen bis 2 cm lang. Blätter bis 7 cm lang und 2 cm breit, verbreitet in Mooren, feuchten Wiesen, an feuchten Wegrändern.

Spätblühend

Lorbeerweide (*S. pentandra*), bis 10, selten bis 15 m, Mai–Juni, männliche und weibliche Kätzchen bis 6 cm lang, Blätter bis 10 cm lang und 3 cm breit, verstreut in feuchten Wiesen, Sümpfen, Mooren, an Flußufern.
Mandelweide (*S. triandra*), 1–4, auch bis 8 m, April–Mai, männliche Kätzchen bis 8, weibliche bis 6 cm lang, Blätter bis 13 cm lang und 3 cm breit, verbreitet an Gräben, Flußufern, in Mooren.
Krautweide, Zwergweide (*S. herbacea*), 1–15 cm, Juni–August, männliche und weibliche Kätzchen bis 1 cm lang, beide kugelig, fast runde Blätter 1–2 cm lang, verbreitet in Höhenlagen der Alpen.

Wert für Tiere: Vom Saft leben Käfer wie der Moschusbock, seine Larve im Holz, Blätter ernähren den Weidenblattkäfer und Raupen von Großem Fuchs oder Großem Schillerfalter. Kätzchen sind erste und wichtige Bienennahrung im Jahr. Außerdem guter Deckungsstrauch und Wildäsung.
Besonderes: Unter Wildsträuchern ist die Salweide Generalist und Spezialist in einem. Generalist, weil sie überall vorkommt, Spezialist, weil sie überall hinkommt. Ein paar der Millionen Samen erreichen immer ein Stück blanker Erde, der Wind verteilt die leichtgewichtigen Samen über 100 km. So winzig sie sind, so schnell keimen und wachsen sie. Und Jahrzehnte bevor nachfolgende Bäume ihr den Lebensplatz streitig machen, hat sich die Salweide woanders ein Stück Überleben gesichert.

Faulbaum
Rhamnus frangula
Kreuzdorngewächse
(Rhamnaceae)

Anderer Name: Pulverholz
Verbreitung: Nordafrika, Kleinasien, Europa. D, CH, A, verbreitet.
Lebensraum: Von der Ebene bis in Gebirge auf 1400 m. Waldunterwuchs, Auen, Bachufer, Waldrand, Hecke, Wegrain, Moor. Anpassungsfähig, liebt stickstoffarme, halbschattige, feuchte, mäßig warme Standorte und saure Böden.
Je nach Standort vergesellschaftet mit Gagelstrauch, Heidekraut, Blaubeere, Preiselbeere, Waldgeißblatt, Stechpalme, Heckenkirsche, Pfaffenhütchen und Weidenarten.
Erscheinungsbild: Schlanker Mittelstrauch bis 3 m, baumartig selten bis 7 m. Besenförmig dünne Krone. Bis 60 Jahre.
Blüte: Mai–August, nach Laubbildung.
Einhäusig, zweigeschlechtlich, unscheinbare, bis $^1/_2$ cm große grünlichweiße, 4blättrige Scheibenblüten, bis zu 10 (meist zu 5) in kurzgestielten Büscheln im Blattwinkel.
Frucht: Juli–November.
Erbsengroße, kugelige, beerenähnliche Steinfrüchte mit 2–3 Samen. Zuerst grün, dann rot, reif schwarz, Alle Reifestadien nebeneinander vorhanden.
Giftig!
Blatt: Einfach, bis 7 cm lang, eiförmig bis breit-ellip-

tisch, stumpf oder kurz zugespitzt, mit 7–9bogig gekrümmten Nervenpaaren. Glattrandig, leicht gewellt. Oberseits matt glänzend dunkelgrün, unterseits heller, oft leicht behaart, Blattstiel auf Sonnenseite rötlich. Gelbrote Herbstfärbung.
Zweige: Unbewehrt, dünn, rutenförmig lang, oft im rechten Winkel sitzend. Jung grün, schwach behaart, später grau.
Rinde: Glatt, hell- bis violettgrau mit querstehenden hellen Korkwarzen, innen gelbgrün. Frisch gelöste Rinde von erbsenähnlich frischem Geruch.
Holz: Mit gelbem Splint und leuchtend gelbrotem Kern, grobfaserig, mittelhart. Schnellwüchsig mit Wurzelbrut.
Wirkstoffe: In der Rinde hauptsächlich das spezifische Glykosid Glukofrangolin, in den Früchten Fruchtsäuren, Harze, Zucker, Kalk, ätherische Öle und Vitamin C. Wegen der dickdarmreizenden und abführenden Wirkung der Rinde in nahezu allen Abführpräparaten.
Ähnlich aussehende Arten: Felsenfaulbaum (*R. rupestris*), Blätter 2–5 cm lang, mit 5–8 Nervenpaaren, oft feingezähnt, Blüten zu 1–3, bis 1, selten 2 m hoch, Alpen.
Wert für Tiere: Blätter Raupennahrung für Faulbaumbläulinge und Zitronenfalter. Die nektarreiche Scheinblüte ist eine gute Bienenweide, ernährt außerdem Kleinfliegen und Falter (speziell den Kleinen Eisvogel). Früchte sind beliebte Herbstnahrung für verschiedenste Vogelarten.
Besonders: Dem Faulbaum ist die Kraft eigen, „im Menschen das Innere nach außen zu bringen, ihn um Schweres zu erleichtern".
Die Früchte schmecken süßlich-bitter. Kinder warnen!

Sanddorn
Hippophae rhamnoides
Ölweidengewächse
(Elaeagnaceae)

Anderer Name: Seedorn
Verbreitung: Asien, Europa bis Kaukasus. D, CH, A, vor allem im Küstenbereich und an Alpengebirgsflüssen.
Lebensraum: Von der Ebene bis 1800 m. Stranddünen der Meeresküste, Schotterbett der Gebirgsflüsse, Felsschutthalden. Auf sonnenexponierten, mäßig warmen, stickstoffarmen Sand- und Schotterböden mit Grundwasseranschluß, keine ganz trockenen Standorte. Kalkliebend.
Vergesellschaftet mit Schwarzem Holunder, Weißdorn, Schlehe, Brombeere, Liguster, Berberitze, Heckenkirsche, Rosen- und Weidenarten.
Erscheinungsbild: Sparriger, dicht bedornter Mittelstrauch bis 3 m Höhe, selten baumartig bis 6 m.
Blüte: April–Mai, vor Laubbildung.
Zweihäusig, eingeschlechtlich, unscheinbar, unter ½ cm lang, knospenähnlich, ♂ Blüten grünbraun, büschelig in dicht gedrängten Blütenständen, ♀ Blüten gelbgrün, vereinzelt in Ähren übereinander. Zarter Essigduft.
Frucht: September–Oktober.
Auffallend erbsengroße, eiförmige, leuchtend orangerote, beerenartige Steinfrüchte mit glänzend schwarzbraunem Samen. Kurzgestielt, außerordentlich saftig. Herber, frischer Geruch. **Eßbar.**

Blatt: Einfach, schmal-lanzettlich, kurzgestielt, bis 7 cm lang, glattrandig. Jung silbrig, später kahl werdend. Oberseits weißgrün, unterseits silbriggrau mit schwach rostiger Mittelrippe. Kein besonderer Geschmack, aber kaugummiartig klebend.
Zweige: Reich verästelt mit harten Seitendornen und dornigen Spitzen. Jung weißgrün und behaart, älter dunkler und kahl.
Rinde: Silbergrau bis bronzefarben, glatt, im Alter mit rissiger Borke und abblatternd.
Holz: Mit gelbem Splint und dunkelbraunem Kern. Langsamwüchsiger Tiefwurzler.
Wirkstoffe: In Früchten hauptsächlich Vitamin C (bis zu 1,2 Gramm auf 100 Gramm Früchte), außerdem Vitamine des B-Komplexes, Kalzium, Fruchtsäuren und Fette.
Ähnlich aussehende Arten: Keine.
Wert für Tiere: Der Sanddorn ist eine beliebte Futterpflanze für Hühnervögel. Besonders Fasane profitieren von den bis in den Winter am Strauch verbleibenden Beeren. Im Volksmund heißt der Sanddorn deswegen auch Fasanenbeere.
Besonderes: Von Natur aus kommt der Sanddorn an Standorten mit hoher Salzkonzentration vor. An der Küste werden Anreicherungen im Bodenwasser von bis zu 10 % gemessen, Salzpflanzen haben sich daran mit speziellen Organen, den Salzdrüsen, angepaßt, die Überdosen Salz wieder abscheiden können.
Auch der Sanddorn toleriert Salzmengen, an denen andere Sträucher und Bäume zugrunde gehen. Das hat ihm neuerdings sogar naturfremde Standorte eingebracht: den Rand „salzgepökelter“ Straßen und Autobahnen.

Gemeiner Seidelbast
Daphne mezereum
Seidelbastgewächse
(Thymelaeaceae)

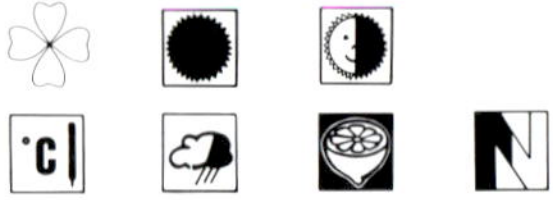

Anderer Name: Kellerhals
Verbreitung: Kleinasien, Europa bis Kaukasus. D, CH, A, selten im Norden, verstreut im Süden.
Lebensraum: Vom Tal bis auf 2400 m. Laubmischwälder, Auen, Bergwälder. Kalkliebend, auf frischen bis feuchten, stickstoffhaltigen Böden in schattiger bis halbschattiger, kühler Lage.
Vergesellschaftet mit Heckenkirsche, Haselnuß, Liguster, Wolligem Schneeball, Weißdorn, Traubenkirsche, Efeu oder Waldrebe.
Erscheinungsbild: Aufrechter Kleinstrauch um 1 m. Gerade, spärlich verzweigt, dünnästig.
Blüte: März–April, vor Laubbildung.
Einhäusig, zweigeschlechtlich, 4blättrige Stieltellerblüten bis 1 cm breit, blaß karminrot bis purpurrosa, oft zu dreien in sitzenden Büscheln, vor allem an den Triebenden. Intensiver, fast betäubender Geruch.
Frucht: Juni–Juli.
Erbsengroße, leuchtend scharlachrote, glasige, fleischige, einsamige, beerenartige Steinfrucht, direkt am Trieb sitzend. **Giftig!**
Blatt: Einfach, dünn, bis 8 cm lang, lanzettlich, unbehaart, glattrandig, gehäuft am Zweigende. Oberseits frisch grün, unterseits blaugrün. Holunderartiger, intensiver strenger Geruch. Nachhaltig brennendscharf.

Zweige: Unbewehrt, biegsam, wenig verästelt, rutenförmig. Jung fein behaart, älter kahl. Langsamwüchsig.
Rinde: Runzelig, gelblichgrau bis braun mit dunklen Warzen. Zerrieben widerlicher Geruch.
Wirkstoffe: In sämtlichen Organen, besonders in Rindenbast und Beeren die spezifische Säure Mezerein, außerdem in Rinde, Blatt und Blüte das Glykosid Daphnin, in den Früchten Bitterstoffe, Harze, ätherische Öle, Farbstoffe und viel Schleim.
Ähnlich aussehende Arten: Rosmarinseidelbast (*D. cneorum*), unter $^1/_2$ m, immergrüne, bis 2 cm lange Blätter, Blüte und Zweige leicht behaart, selten im Süden, verstreut in Alpen.
Gestreifter Seidelbast (*D. striata*), wie Rosmarinseidelbast, aber kahle Zweige und leicht gestreifte Kelchröhre, verstreut im Süden und Alpen.
Wert für Tiere: Die nektarreichen Blüten, die schon im zeitigen Frühjahr erscheinen, sind erste Bienennahrung, wichtig für Ackerhummel, Blumenfliegen, Nesselfalter und die Scheinbiene; die für den Menschen giftigen Früchte werden gerne von Drosseln gefressen.
Besonderes: Der Name „Kellerhals“ hat seinen Ursprung in dem althochdeutschen Wort „chellen“, was soviel wie Quälen oder Schmerzen verursachend meint. Die alte Bezeichnung weist damit deutlich auf den beißenden Geschmack der Pflanze, besonders der Beeren hin, ein überdeutliches Warnzeichen der Giftigkeit! Bei empfindlichen Personen können schon Rinde oder Saft Hautreizungen hervorrufen. Vergiftungen sollen sogar nach dem Verzehr von Wacholderdrosseln vorgekommen sein, die Beeren gefressen hatten! All dies konnte die Ärzte im Mittelalter nicht davon abhalten, bei Halsleiden eine Gewaltkur zu verordnen: Seidelbastbeeren!

Rostrote Alpenrose
Rhododendron ferrugineum
Heidekrautgewächse (Ericaceae)

Andere Namen: Almrausch, Steinrose
Verbreitung: Europa. D, CH, A, verbreitet in Alpenregion.
Lebensraum: Mittlere Lagen bis auf 2800 m. Moore, Felshänge. In Hochlagen auf kalkarmem Gestein oder saurem Humus, in Alpentälern absteigend auf moorigen Böden. Halbschattige bis sonnige, feuchte und stickstoffarme Standorte. Bodenpionier der alpinen Zwergstrauchregion.
Vergesellschaftet mit Blaubeere, Preiselbeere, Krähenbeere, Alpenheide und Zwergwacholder.
Erscheinungsbild: Immergrüner Kleinstrauch bis 1 (2) m, teilweise in dichten Beständen. Durch Wind und Schnee zu Boden gedrückt, teppichartige Gehölzmatten.
Blüte: Mai–Juli, im Hochgebirge noch im September, nach Laubaustrieb.
Einhäusig, zweigeschlechtlich, bis 2 cm lange Glokkenblüten mit unterschiedlich langen Stielen, im Bündel zu 6–12 zusammen. Von den verwachsenen Blütenblättern bleiben 5 Zipfel frei. Hell- bis purpurrot. Gelbe Staubblätter. Schwacher Zitronenduft.
Frucht: Je nach Höhenlage zwischen Juni und September.
Braune, fünfteilige Kapsel mit zahlreichen Einzelsamen. **Ungenießbar!**

Blatt: Einfach, kurz gestielt, bis 6 cm lang. Oberseite dunkelgrün, Unterseite jung gelbgrün, älter rostrot. Rand glatt, kahl, leicht eingerollt. Harziger Geruch. Bittergeschmack. Rostrote Herbstfärbung.
Zweige: Unbewehrt. Jung rostig beschuppt, mit zunehmendem Alter kahl werdend.
Rinde: Gelbbraun.
Wirkstoffe: In den Blättern Gerbstoffe, Zitronensäure und ätherische Öle. Verwendung der frisch geernteten Blätter in der Homöopathie gegen Gelenkrheumatismus, Muskelschmerzen und Gicht. Magenreizung als Nebenwirkung bei zu hohen Dosen möglich.
Ähnlich aussehende Arten: Am gleichen Standort Verwechslung mit Behaarter oder Wimpernalpenrose (*R. hirsutum*) möglich, sogar Kreuzungen zwischen beiden Arten kommen vor. Jedoch bevorzugt die Behaarte Alpenrose Kalk und liebt trockenere Standorte. Außerdem gedrungener (bis 1 m) und 3–10 hellrosa Blüten. Blätter etwas kleiner, Oberseite glänzend grün, Unterseite hellgrün mit langhaarigem, bewimpertem Rand, nicht umgerollt. Zweige anfangs behaart.
Wert für Tiere: Die nektarreichen Glockenblüten werden besucht von Steinhummel, Erdhummel, Scheckenfaltern und Kurzflügelkäfern; sie bieten in Höhenlagen oft die einzige Blütennahrung. Das dichte Gestrüpp schützt Alpenschneehuhn und Schneehase vor Eis und hält Nahrung offen, im Frühjahr bietet es den Brutplatz, dazu erste frische Knospen und Triebe.
Besonderes: So hoch wie die Alpenrose geht kaum ein Strauch hinauf, und Temperaturen bis −40 °C ohne schützende Schneedecke überlebt nur sie. Gegen Austrocknung allerdings sind die feuchtigkeitsliebenden Pflanzen empfindlich! Da sie – wie alle immergrünen Pflanzen – auch während der kalten Jahreszeit Wasser verdunsten, können sie sogar im Winter vertrocknen.

Gemeiner Efeu
Hedera helix
Efeugewächse
(Araliaceae)

Verbreitung: Europa bis Kaukasus. D, CH, A, in Norddeutschland verstreut, im Süden und in den Alpen verbreitet.
Lebensraum: Von der Ebene bis in 1800 m Höhe. Schattige und halbschattige, mäßig warme Wälder, Felsen, Bäume, Mauern und Gebäude. Liebt kalkhaltige, frische Standorte, wächst auf allen Böden, verträgt auch Sonne.
Vergesellschaftet mit Weißdorn, Schlehe, Hundsrose, Haselnuß, Heckenkirsche, Stechpalme, Faulbaum, Weidenarten.
Erscheinungsbild: Variabel. Immergrüner Kletterstrauch bis 20 m mit Hauptstamm und sich aufzweigenden Nebenstämmen, die in lange, dünne Triebe auslaufen. Haftet an Bäumen, Felsen und Mauern und überwächst sie langsam. Kriecht auch verzweigt mit langen Ausläufern am Boden. Bis 400, selten 1000 Jahre alt.
Blüte: August–Oktober, selten November, nach Laubaustrieb.
Einhäusig, zweigeschlechtlich, bis 15 weißliche oder gelbgrüne 5blättrige Scheibenblüten mit je 5 im Kranz weit abstehenden Staubgefäßen. Einzelblüten in einfachen, halbkugeligen Dolden angeordnet, die wiederum traubig zusammenstehen. Erste Blüte nach 8–10 Jahren, meist nur in sonnigen Lagen.

Frucht: Ab April–September, ein Jahr nach der Blüte.
Erbsengroße, runde Beeren mit 3–5 nierenförmigen Samen. Unreif rötlichviolett, dann braun, reif blauschwarz. **Giftig.**
Blatt: Einfach, ledrig, äußerst variabel in Gestalt und Größe, zwei Hauptblattformen: Blütentriebe mit ungelappten, oval-spitzen, allseitig angeordneten Blättern und normale Blatttriebe, 3- bis 5fach handförmig gelappt, herzförmig bis pfeilspitz, zweireihig angeordnet. Blattgröße bis 10 cm, oberseits glänzend dunkelgrün, teils weißadrig, unterseits heller und matt, immergrün. Lebensdauer rund 3 Jahre, im Winter dunklere Färbung bis ins Rötliche hinein. Scharfer, bitterer Geschmack.
Zweige: Unbewehrt. Laubzweige mit bis 0,5 cm langen, bräunlichgelben Haftwurzeln, die sich an der Unterlage anheften, sie aber nicht beschädigen. Blütenzweige ohne Haftwurzeln. Langsamwüchsig. Stammdicke selten über 10 cm, dickere Exemplare mehrere hundert Jahre alt.
Rinde: Hell- bis dunkelbraun.
Holz: Grobporig. Langsamwüchsiger Flachwurzler.
Wirkstoffe: Hauptsächlich Saponine und das Glykosid Hederin.
Ähnlich aussehende Arten: Keine.
Wert für Tiere: Die nektarreichen, gut zugänglichen Scheibenblüten sind wichtige Spätsommer- und Herbstnahrung für Blumen- und Schlammfliegen, Deutsche Wespe und Honigbiene. Alte Sträucher unersetzbares Versteck und Vogelbrutplatz.
Besonderes: Die Blätter des Efeu bleiben immergrün. Das war der erste Grund, den Efeu zum Lebenssymbol zu machen. Der zweite: Sein dem Menschen ewig vorkommendes Alter. Er war bei den Griechen Zeichen der Lebenskraft und Freude, und Dionysos bekränzte sich zu Festen mit Efeu. Das Christentum übernahm den heidnischen Lebensglauben und pflanzte Efeu ebenfalls als Lebenszeichen, aber auf Gräber.

Mispel
Mespilus germanica
Rosengewächse
(Rosaceae)

Verbreitung: Verbreitungsschwerpunkt in Vorderasien und Südosteuropa. In D, CH, A, vor 2000 Jahren eingeführt. Selten.
Lebensraum: Wildvorkommen an wärmeren Standorten von der Ebene bis auf 1100 m. Offene Hänge, Waldrand, Gebüsche und lichte Laubwälder, verlassene Weinberge. Liebt warme, sonnige bis halbschattige, gut durchlüftete, steinreiche, stickstoffhaltige und kalkige Standorte.
Vergesellschaftet mit anderen wärmeliebenden Arten, etwa Weißdorn, Schlehe, Hundsrose, Liguster oder Berberitze.
Erscheinungsbild: Breit ausladender Mittel- bis Großstrauch zwischen 2–5 m, baumartig im Freistand bis zu 8 m. Meist nicht älter als 50 Jahre, jedoch Stockausschlag und Wurzelschößlinge.
Blüte: Mai–Juni, nach Laubbildung.
Einhäusig, zweigeschlechtlich, bis 5 cm breite weiße, 5blättrige Scheibenblüten, einzeln an der Spitze von Kurztrieben. Rötliche Staubbeutel. Gurkenduft.
Frucht: September–Oktober.
Bis 3 cm lange, behaarte Apfelfrucht mit 2–5 rötlichen Steinkernen. Gelbrot bis weißbraun. Nicht vollständig geschlossen, Kelchblätter stehen vorne ab. **Eßbar.** Frisch herber, nach Frost oder Lagerung teigiger, angenehm säuerlicher Geschmack.

Blatt: Einfach, bis handlang und bis 3 cm breit, vorn fein gesägt, an kurzem Blattstiel. Oberseits dunkelgrün, unterseits hellgrün und leicht filzig behaart. Leuchtend dunkelgelbe bis braunrote Herbstfärbung. Schwacher Zitronenduft. Bittergeschmack.
Zweige: Mit wenig Dornen, Kulturexemplare dornenlos, gelegentlich krummer, geschraubter Wuchs. Jung weißfilzig behaart, älter kahl, rotbraun.
Rinde: Oliv bis rotbraun, am Stamm schuppig abblatternd.
Holz: Gelblichbraun. Langsamwüchsiger Tiefwurzler.
Wirkstoffe: Rinde, Blätter und junge Früchte sind reich an Gerbstoffen, die Früchte enthalten zusätzlich Fruchtsäuren und reichlich Pektin.
Ähnlich aussehende Arten: In der Strauchform allenfalls von weitem mit dem Weißdorn zu verwechseln.
Wert für Tiere: Die pollenreichen Scheibenblüten sind wertvoll für Pillenwespen, Pelzbiene, Honigbiene und Graue Fleischfliege. Der dichte Strauch eignet sich sehr gut als Brutgehölz und Versteck.
Besonderes: Die Mispel ist der typische Fall eines Kulturfolgers. Das geschätzte Wildobst kam 2000 Jahre zuvor über die Römer nach Deutschland, fand dann in Klostergärten seinen festen Platz und verwilderte von hier aus.
Die Früchte gelieren leicht wegen des hohen Anteils an Pektinstoffen und können deshalb als natürliches Geliermittel zu Marmeladen und Gelees zugesetzt werden. Gut schmeckend ist eine Apfel-Mispel-Kombination, aber auch andere Früchte werden durch die Fruchtsäuren und Gerbstoffe der Mispel aufgewertet. Der hohe Gehalt an Gerbstoffen wirkt konservierend, so daß Mispelfrüchte bei der Most- und Weinherstellung zugesetzt werden können.

Gemeine Zwergmispel
Cotoneaster integerrima
Rosengewächse
(Rosaceae)

Andere Namen: Steinmispel, Bergmispel
Verbreitung: Westasien, Europa. D, CH, A, in mittleren Lagen selten in Süddeutschland, häufiger im Alpenbereich.
Lebensraum: Von mittleren Lagen bis in 2000 m Höhe. Auf Felsen, Steinhängen, in Felsspalten, Geröllhalden, Steinbrüchen, Waldrand, Gebüsch. Spezialist und Pionierstrauch für trockene, mineralreiche, stickstoffarme, oft steinige und felsige Böden, die jedoch Kalk enthalten müssen. Bevorzugt sonnige, mäßig warme bis warme Lagen. Erträgt Trokkenheit, charakteristische Begleitpflanze von Trokkenrasen und Halbtrockenrasen.
Vergesellschaftet mit anderen wärmeliebenden Wildsträuchern wie Berberitze, Felsenbirne, Weichselkirsche, Schlehe, Weißdorn, Wolligem Schneeball und Liguster.
Erscheinungsbild: Vielgestaltiger, oft buschig wirkender Kleinstrauch um 1 m mit aufrecht stehenden Ästen, aus einem gemeinsamen Zentrum.
Blüte: April–Juni, nach Laubaustrieb. Einhäusig, zweigeschlechtlich, unter 1 cm lange, rötlichweiße, 5blättrige Becherblüte auf kurzen Stielen, nickend oder hängend, 2–4 (1–5) Blüten entspringen einer Blattachse. Kein besonderer Geruch.
Frucht: Juni–August.

Erbsengroße, kugelrunde, beerenartige Apfelfrucht mit 2–3 getrennten, aus der Frucht herausschauenden Samen. Gewöhnlich scharlachrot, aber Farbvariationen möglich. **Ungenießbar!** Mehliger Geschmack.
Blatt: Einfach, eiförmig, sehr kurz gestielt, bis 4 cm lang. Glattrandig. Oberseits sattdunkelgrün und kahl, unterseits und in der Stielregion weiß oder grau filzig behaart. Herbstfärbung gelbrot. Bittermandelgeschmack.
Zweige: Unbewehrt, dünn, aber reich verzweigt, bogig ausgebreitet, dicht wachsend. Junge Zweige gelbgrün behaart, ältere kahl.
Rinde: Rot- bis schwarzbraun.
Wirkstoffe: Wenig untersucht. Im Samen Amygdalin und andere verwandte Blausäureglykoside.
Ähnlich aussehende Arten: Am gleichen Standort kommt die Filzige Zwergmispel (*C. tomentosa*) vor. Sie unterscheidet sich durch breitere, fast eiförmige Blätter, die zum Teil auch auf der Oberseite behaart sind. Dicht filzig behaart sind auch Blütenstiele, Kelchblätter und Frucht. In der Regel nur bis 2 Blüten pro Blattachse.
Wert für Tiere: Die nektarreiche Becherblüte wird fast nur von einer Feldwespe besucht, deren Körperbau an die Blütenform angepaßt ist. Früchte werden von fast allen beerenfressenden Vogelarten gern gefressen, der Strauch eignet sich als Deckung und Brutgehölz.
Besonderes: Im Gegensatz zu den in Vorgärten und Grünanlagen häufigen *Cotoneaster*-Arten bieten die heimischen Arten viel mehr Lebensmöglichkeiten und Nahrung für unsere Tiere.

Hainbuche
Carpinus betulus
Birkengewächse
(Betulaceae)

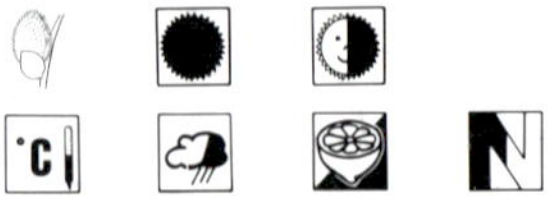

Andere Namen: Weißbuche, Hagebuche
Verbreitung: Europa bis Kleinasien. D, CH, A, verbreitet.
Lebensraum: In Ebene und Hügelland bis 900 m. Laubmischwälder, Auen, Waldrand, Hecken. Anpassungsfähig, am liebsten auf leicht saurem bis basischem, stickstoffhaltigem, lehmigem, mäßig warmem Boden.
Vergesellschaftet mit Haselnuß, Pfaffenhütchen, Himbeere, Gemeinem Schneeball, Seidelbast, Weißdorn, Hartriegel, Holunder, Waldgeißblatt, Stechpalme oder Heckenkirsche.
Erscheinungsbild: Dichtwüchsiger, vielstämmiger Großstrauch bis 7 m, baumartig bis 25 m hoch. Krone variabel, breit, rund oder kegelförmig. Bis 150 Jahre.
Blüte: Mai–Juni, nach Laubbildung.
Einhäusig, eingeschlechtlich, ♂ Blüten bis 5 cm lange, hellgrüne bis rötliche, walzige, hängende Kätzchen, ♀ Kätzchen oft nur halb so lang, paarweise hängend an Zweigspitzen, grün mit blaßroten Narben.
Frucht: Oktober.
8 Nußpaare an bis handlangem Fruchtstand übereinanderhängend, jede bis 1 cm lange Nuß mit dreilappiger Flugvorrichtung versehen, unreif grün, reif braun. **Ungenießbar!**

Blatt: Einfach, bis 12 cm lang, am Rand scharf doppelt gesägt. Oberseits dunkelgrün, kahl, unterseits heller, im Blattwinkel leicht behaart. Herb zusammenziehender Geschmack. Leuchtend gelbe Herbstfärbung.
Zweige: Unbewehrt, aufrecht oder langgeschwungen. Jung behaart, dünn, grauschwarz bis braun mit hellen Rindenporen.
Rinde: Glatt, weiß- bis silbergrau mit dunkler Netzstruktur, älter längs aufreißend, Borkenbildung selten.
Holz: Weiß bis gelbweiß, zerstreutporig, hart und schwer. Langsamwüchsiger Tiefwurzler.
Wirkstoffe: Nichts Näheres bekannt.
Ähnlich aussehende Arten: Die verwandte Haselnuß hat ähnlich männliche Kätzchen, die weiblichen Blüten sind aber unscheinbar klein, Blätter runder und weniger spitz, Nüsse ungeflügelt, maximal 4 beisammen.
Wert für Tiere: Die Blätter ernähren Buchenzirpe, Buchenblattwespe und Feldmaikäfer, dessen Larve gleichzeitig an den Wurzeln lebt. An jungen Trieben saugen Rindenläuse, hier frißt auch die Larve des Schwarzen Haselbocks. Nußfrüchte werden von Eichelhäher und Waldmäusen verzehrt.
Besonderes: „Under allem holtz so in unsern Wäldern wächßt kaum eins ist so hart als der Hanbuchen" – preist HIERONYMUS BOCK 1587 die Hainbuche. Aber weniger das schwere Holz als ihre fast unbegrenzte Regenerationsfähigkeit macht die Hainbuche beliebt. Sie schlägt nämlich nach einem kräftigen Schnitt wieder aus, kräftiger als zuvor – toleriert sogar den gänzlichen Rückschnitt. Sie gehört deshalb zu den idealen Heckenpflanzen und in jede Wildstrauchhecke hinein. Noch heute bestehen Norddeutschlands Wallhecken zum großen Teil aus Hainbuchen. Die geben Schutz, vor Wind und Wetter. Und nicht nur davor, denn unter Hainbuchen, empfahl die Ärztin HILDEGARD VON BINGEN vor 850 Jahren, ist man vor bösen Geistern sicher.

Haselnuß
Corylus avellana
Birkengewächse
(Betulaceae)

Anderer Name: Hasel
Verbreitung: Europa. D, CH, A, verbreitet.
Lebensraum: In Ebene, Hügelland und Berglagen bis 1000 m. Unterwuchs im lichten Laubwald, Waldrand, Gebüsche, Hecken, Wegraine. Gern auf stickstoffreichen, kalkigen, halbschattigen, mäßig warmen Standorten mittlerer Feuchtigkeit.
Vergesellschaftet mit Schlehe, Weißdorn, Hartriegel, Liguster, Berberitze, Waldrebe, Hainbuche, Efeu, Pfaffenhütchen, Gemeinem Schneeball, Heckenkirsche, Seidelbast, Weiden- und Rosenarten.
Erscheinungsbild: Buschiger Mittel- bis Großstrauch zwischen 3–5 m, baumartig selten bis 10 m hoch. Breite, dichte Krone. Bis 80 Jahre alt.
Blüte: Februar–April, vor Laubaustrieb.
Einhäusig, eingeschlechtlich, ♂ Blüten bis fingerlange, walzige, bräunlichgrüne bis grünlichgelbe Kätzchen, zu 2–4 schlaff hängend, schon im Herbst angelegt, ♀ Blüten davon getrennt, vereinzelt, unscheinbar braungrün, laubknospenähnlich, mit bis ½ cm langen fadenförmigen, purpurroten Narben.
Frucht: August–Oktober.
Bis 2 cm dicke, einsamige Nüsse mit harter, holziger Schale, becherartig umgeben von gezähnt-zerrissener, grüner Fruchthülle. Zuerst bleichgrün, reif hell- bis rostbraun. **Eßbar.** Ölig, fest, wohlschmeckend.

Blatt: Einfach, bis 13 cm lang und bis 10 cm breit, fast rundlich-herzförmig, mit kurzer Spitze und kräftigem kurzem Stiel, Rand scharf doppelt gesägt, etwas gelappt. Jung dicht behaart, älter nur am stark hervortretenden Adernetz (vor allem unten). Fühlt sich weich an. Oberseits tiefgrün, unterseits graugrün. Gelbbraune Herbstfärbung.
Zweige: Unbewehrt, oft rutenförmig lang und biegsam, weit beblättert. Jung drüsig rotborstig behaart, grünbraun, älter kahl und hellbraun, innen hohl mit dreieckigem Mark.
Rinde: Grün- bis graubraun mit waagrechten weißlichen Korkwarzen. Jung pergamentartig abblätternd, dann glatt, im Alter etwas einreißend.
Holz: Weiß bis rötlich, biegsam und zäh. Schnellwüchsiger Flachwurzler.
Wirkstoffe: In Blättern und Rinde ätherische Öle, Gerbstoffe, Glykoside, Bitterstoffe sowie Betulin. In den Früchten bis zu 50% fette Öle, Kalium, Calcium, Phosphor, Magnesium, Eisen, Vitamin A, B und C.
Ähnlich aussehende Arten: Hainbuche (*C. betulus*).
Wert für Tiere: Die Blätter sind Nahrung für den Haselblattroller und die Raupe des Birkenzipfelfalters. Junge Triebe ernähren die Larven des Schwarzen Haselbocks. Die Früchte werden sehr gern gefressen von Kleiber, Eichelhäher, Spechten, Eichhörnchen, Siebenschläfer und Haselmaus.
Besonderes: Die Kelten sahen die Haselnuß als „Gefäß des Wissens" an, außerdem als Symbol von Fruchtbarkeit und Erotik. Die Germanen glaubten sich unter ihr vor Blitzschlag sicher und weihten den Wildstrauch ihrem Donnergott Thor. Im Mittelalter kursierten Haselnuß-Rezepte gegen Impotenz des Mannes.

Stechpalme
Ilex aquifolium
Stechpalmengewächse
(Aquifoliaceae)

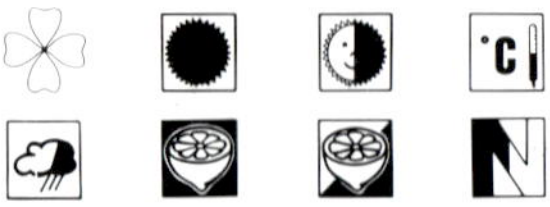

Anderer Name: Stechhülse
Verbreitung: Nordafrika, Kleinasien, Europa. D, CH, A, verbreitet im Norden und Westen, verstreut im Süden.
Lebensraum: Von der Ebene bis in 1200 m Höhe. Unterwuchs in Laubwäldern (speziell Buche), gern in luftfeuchtem Klima. Liebt kalkhaltige, nicht zu trockene Böden an schattigen bis halbschattigen, mäßig warmen Standorten, ist aber anpassungsfähig. Vergesellschaftet mit Stachelbeere, Weißdorn, Heckenkirsche, Haselnuß, Pfaffenhütchen, Himbeere, Brombeere, Rotem Hartriegel oder Efeu.
Erscheinungsbild: Variabel. Immergrüner, buschig dichter Klein- bis Großstrauch von 1–5 m, baumartig bis 10 (22) m. Bis 100 Jahre, sehr große Exemplare einige hundert Jahre alt.
Blüte: Mai–Juni, nach Laubaustrieb.
Zweihäusig, eingeschlechtlich, kurzgestielt, unscheinbar weiß, selten rötlich, 4blättrige Scheibenblüten unter 1 cm in Büscheln aus Blattachseln. ♀ Blüten meist einzeln, mit dickem grünem Fruchtknoten und bis zu 4 sterilen, verkümmerten Staubfäden, zarter Honigduft, ♂ Blüten zu 3–5 in dichten Büscheln, intensiver Honigduft.
Frucht: September–Oktober.
Erbsengroß, rund beerenähnlich, mit 4–5 Steinker-

nen. Leuchtend rot, meist bis Frühjahr am Strauch. **Giftig!**
Blatt: Einfach, dickledrig, wellenförmig eingebuchtet, glattrandig, bis 12 cm lang. Meist stachelspitzig, obere Blätter ohne Stacheln. Immergrün, bis zu 25 Monate alt. Oberseits glänzend dunkelgrün, unterseits matt hellgrün, wachsartiger Belag. Junge Blätter zuerst rötlichbraun, alte gelbbraun. Bittergeschmack.
Zweige: Unbewehrt, dichtwüchsig. Junge Zweige hellgrün, ältere grünlich-braun bis grau, glänzend.
Rinde: Glatt, grau, mit olivgrünem Schimmer und feinen unregelmäßigen Rissen.
Holz: Feinfaserig mit Poren, matt, grünlichweiß, sehr hart. Langsamwüchsiger Tiefwurzler.
Wirkstoffe: Im Blatt der spezifische Bitterstoff Ilicin, Ilexsäure und ein gelber Farbstoff Ilixanthin, in der Rinde Pektin (früher zu Vogelleim verarbeitet).
Ähnlich aussehende Arten: Keine.
Wert für Tiere: Die Blätter ungeschützter Jungpflanzen werden gern von Kaninchen benagt, die nektarreichen Scheibenblüten sind als frühsommerliche Bienenweide beliebt, die Früchte werden im Winter von Vögeln, vor allem Drosseln, gefressen. Der dichte Strauch eignet sich als Schutz, Deckung und Nistplatz.
Besonderes: Stechpalmen sind beliebte Zierpflanzen in Gärten und Anlagen. Sie heißen „Golden King" oder „Golden Queen" und haben mit dem heimischen Wildstrauch meist nur noch den deutschen Namen gemein. Ihren Blättern fehlt – das ist das silbrig oder goldgrün Gemusterte an ihnen – Chlorophyll, der grüne Pflanzenfarbstoff. Kranke Pflanzen in einer kranken Umwelt!

Heidelbeere
Vaccinium myrtillus
Heidekrautgewächse
(Ericaceae)

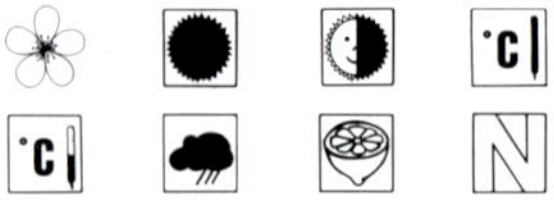

Andere Namen: Blaubeere, Bickbeere
Verbreitung: Nordasien, Nordamerika, Europa. D, CH, A, weit verbreitet.
Lebensraum: Von der Ebene bis in 2500 m Höhe. Häufig in Moorregionen, auf Sandböden, in lichten Wäldern als bodendeckende Strauchschicht auf leichten, humusreichen Böden, Nadelwälder bevorzugt. An feuchten, halbschattigen bis schattigen, kühlen bis mäßig warmen, stickstoffarmen und sauren Standorten.
Vergesellschaftet mit anderen Zweigstraucharten wie Preiselbeere, Moosbeere, Krähenbeere, Alpenrose, Heidekraut und Ginster.
Erscheinungsbild: Reich verzweigter Kleinstrauch bis $^{1}/_{2}$ m, an der Basis verholzt. Auf guten Standorten oft bodendeckend.
Blüte: Mai–Juni, nach Laubaustrieb.
Einhäusig, zweigeschlechtlich, bis 30 hängende, um $^{1}/_{2}$ cm große, 4- bis 5zipfelige, bauchige Glockenblüten. Weiß, dunkelgrün bis rötlich. Kein besonderer Duft.
Frucht: Fruchtreife ab Juli.
Blauschwarze, bereifte, erbsengroße Früchte. Der Saft ist rot, das wäßrige Fruchtfleisch enthält viele kleine dunkle Samen. **Eßbar.** Säuerlich aromatisch, leicht zusammenziehend.

Blatt: Einfach, fein gesägt, bis 2 cm lang, eiförmig-spitz, am Grunde stumpf. Dünn, kahl, beidseitig hellgrün. Blutrote Herbstfärbung. Zusammenziehend, säuerlicher Geschmack.
Zweige: Unbewehrt, vielverästelt. Scharfkantige grüne Triebe, ältere Zweige ohne Blätter.
Rinde: Grünbraun, verholzend.
Wirkstoffe: In den Beeren bis zu 7 % Gerbstoffe, daneben Pektin, Vitamin A, B, C, Kalium, Eisen und Mangan, verschiedene Fruchtsäuren, Fruchtzucker und Farbstoffe. In den Blättern Gerbstoffe und der blaue Farbstoff Myrtillin. (Getrocknete Beeren sind ein beliebtes Anti-Durchfallmittel.)
Ähnlich aussehende Arten: Rauschbeere (*V. uliginosum*) mit ebenfalls blauschwarzen Beeren und an ähnlichen Standorten vorkommend. Blätter jedoch größer und unterseits bläulich weiß, Zweige braun und abgerundet. Preiselbeere (*V. vitis-idaea*) und Echte Bärentraube (*Arctostaphylos uva-ursi*) unterscheiden sich durch ihr immergrünes Laub und die rosaroten Früchte. Die Gemeine Moosbeere (*V. oxycoccus*) besitzt rote Früchte und immergrünes Laub, sie besiedelt am Boden kriechend den Moosrasen von Hochmooren.
Wert für Tiere: Die Blätter dienen den Raupen vom Kleinen Nachtpfauenauge, Braunfleckigen Perlmuttfalter und Violetten Silberfleckbläuling als Nahrung. Die nektarreichen Glockenblüten werden besucht von Gammaeule, verschiedenen Hummelarten und Wildbienen (speziell Mauerbienen), die Beeren sind bei Vögeln und kleinen Säugetieren sehr beliebt.
Besonderes: Daß Heidelbeersaft rot färbt und sich dieses Rot schlecht aus Wäschestücken entfernen läßt, wußten und nutzten bereits die Gallier vor 2000 Jahren. Der römische Geschichtsschreiber PLINIUS berichtet, daß sie zur Markierung die Gewänder ihrer Sklaven mit Heidelbeersaft einfärbten.

Holzapfel
Malus sylvestris
Rosengewächse
(Rosaceae)

Andere Namen: Wildapfel, Hagapfel
Verbreitung: Europa, jedoch zahlreiche verwilderte Kultursorten, daher Bestimmung schwierig. D, CH, A, Schwerpunkt im Süden und im Alpengebiet.
Lebensraum: Vom Tal bis in Berglagen auf 1200 m. Lichte Laubmischwälder, Waldrand, Gebüsche und Hecken, an offenen Hängen. Bevorzugt stickstoffhaltigen, kalkreichen Boden und sonnige, mäßig warme Lagen, wächst aber auch auf flachgründigen, steinigen und stickstoffarmen Böden.
Vergesellschaftet mit Brombeere, Himbeere, Wolligem Schneeball, Buchsbaum, Felsenbirne, Schlehe, Hundsrose oder Weißdorn.
Erscheinungsbild: Dorniger Mittel- bis Großstrauch zwischen 3–5 m, baumartig bis 10 m hoch. Sparrig abstehende Äste, weit ausladende (beim Baum rundliche) Kronen.
Blüte: Mai–Juni, nach Laubaustrieb.
Einhäusig, zweigeschlechtlich, bis 4 cm breite, fünfblättrige Scheibenblüte, außen rötliche, innen weiße, bis 2 cm messende Blütenblätter auf bis 3 cm langen Stielen, zu 3–8 am Ende von Kurztrieben. Gelbe Staubbeutel. Aromatischer Duft.
Frucht: Ab September.
Rundliche Apfelfrüchte bis Tischtennisballgröße. Kurzgestielt, grün oder gelb, oft leicht angerötet,

glänzend oder matt überzogen. Typisches Kerngehäuse mit hellbraunen Samen. **Eßbar.** Unreif herber, reif süßlicher Geschmack, manchmal holzig.

Blatt: Einfach, bis 7 cm breit, eirundlich oder ellipsenförmig mit kurzer Spitze, am Rand eingekerbt oder gesägt, oberseits runzlig kahl, dunkelgrün glänzend, unterseits hellgrün, manchmal filzig behaart. Blattstiel bis 3 cm. Herbstfärbung gelbbraun. Sauerbitterer Geschmack.

Zweige: Kahl, mit bedornten Kurztrieben, sparrig wirkend. Jung hellbraun und filzig behaart, älter kahl und dunkler braun.

Rinde: Grau, in größeren Schuppen abblätternd.

Holz: Im Splint rötlich weiß, im Kern hell rotbraun. Langsamwüchsiger Flachwurzler.

Wirkstoffe: In den Früchten hauptsächlich Pektin, verschiedene Fruchtsäuren, Zukker, Gerbstoffe, Spurenelemente und reichlich Vitamin A, B und C (12 mg in 100 Gramm).

Ähnlich aussehende Arten: Zu verwechseln ist der Holzapfel am ehesten mit der Holzbirne. Der Holzapfel erscheint im Wuchs jedoch kompakter.

Wert für Tiere: Die Blätter sind Nahrung für die Raupen von Abendpfauenauge und Großem Fuchs und für den Gartenlaubkäfer, aber auch sehr beliebt bei Hase und Reh. Die nektar- und pollenreichen Scheibenblüten ernähren Schwebfliegen, Sandbienen und Steinhummeln, und die Äpfel werden gerne von Waldmaus, Igel, Feldhase oder Siebenschläfer gefressen.

Besonderes: Heute gibt es tausendfach mehr Apfelsorten, aber was die Intensität des Geschmacks angeht, haben die meisten verloren. Modernste Hochzuchtsorten sind vor allem groß und sehen attraktiv aus, schließlich verkauft sich Quantität und glänzende Makellosigkeit am teuersten. Aber wo ist häufig der Geschmack geblieben?

Holzbirne
Pyrus pyraster
Rosengewächse
(Rosaceae)

Anderer Name: Wildbirne
Verbreitung: Nordafrika, Kleinasien bis nach Ostasien, in Nordeuropa fehlend, sonst ganz Europa. Reine Wildform selten, häufig verwilderte Kultursorten oder Einkreuzungen, D, CH, A, verstreut.
Lebensraum: In Ebene und Mittelgebirge bis 800 m. Laubmischwälder, am Waldrand, in Hecken, Gebüschen, auf Felskuppen. Liebt kalkreiche, steinige und lehmige, stickstoffhaltige Böden in trockenen, überwiegend sonnigen und warmen Lagen.
Vergesellschaftet mit Weißdorn, Schlehe, Hundsrose, Berberitze, Felsenbirne oder Holunder.
Erscheinungsbild: Sparriger Mittel- bis Großstrauch mit reich verzweigten, bedornten Einzelstämmen, zwischen 2–4 m, baumartig zwischen 8–20 m hoch. Durch Wurzeltriebe zu kleinen Gebüschen verwachsend. Hartholzig, bis 150 Jahre alt.
Blüte: April–Juni, mit Laubaustrieb.
Einhäusig, zweigeschlechtlich, weiße, bis 3 cm breite, fünfblättrige Scheibenblüten mit roten Staubbeuteln, in bis zu neunblütigen Dolden. Schwacher Duft.
Frucht: Ab September. Kleine, bis zu 5 cm messende, fast kugelige, langstielige Früchte. Grün bis gelb, manchmal rötlich. Apfelfrucht, flache dunkelbraune Kerne sitzen im Kerngehäuse, umgeben vom Fruchtfleisch. **Eßbar.** Hart, herber Geschmack.

Blatt: Einfach, rundlich eiförmig, bis 6 cm lang, am Rand oder vorn fein gesägt, langgestielt. Oberseits dunkelgrün glänzend, unterseits heller, anfangs weißzottig behaart, später kahl. Herbstfärbung gelbbraun.
Zweige: Kahl, graubraun, mit dornigen Kurztrieben an den Enden.
Rinde: Schwarzgraue Borke, nahezu würfelförmig eingerissen.
Holz: Im Splint rötlich, Kern bräunlichrot. Langsamwüchsiger Tiefwurzler.
Wirkstoffe: In den Blättern Gerbstoffe und Glykoside, in den Früchten Fruchtsäuren, Eiweiß, Mineralsalze, Vitamin B und C.
Ähnlich aussehende Arten: Verwechselt werden kann die Holzbirne am ehesten mit verwilderten Kultursorten, deren Triebe jedoch keine Dornen ausbilden. Der Holzapfel erscheint kompakter, die Krone dichter, während die Birne mehr nach oben auswächst.
Wert für Tiere: Die Blätter sind Futter für die Raupen von Abendpfauenauge und Großem Fuchs und für den Gartenlaubkäfer. Die viel Nektar und Pollen enthaltenden Scheibenblüten ziehen Schwebfliegen, Honigbienen und Erdhummeln an. Von den Birnen ernähren sich Waldmaus, Igel, Feldhase oder Dachs.
Besonderes: Holzbirnen gehörten bereits auf den Speiseplan unserer Vorfahren. Fruchtschnitzel und Holzbirnenkerne, gefunden in Pfahlbausiedlungen aus der Jungsteinzeit am Bodensee, belegen dies. Den Römern war das Lebensmittel der Steinzeit wohl zu hart. Sie zogen aus Holzbirnen über 40 Kultursorten mit größeren Früchten und weicherem Fleisch. Im 18. und 19. Jahrhundert erlebte die Birnenzüchtung in Frankreich und Belgien ihre Blüte. Heute kennt man über 1000 verschiedene Birnensorten.

Schlehe
Prunus spinosa
Rosengewächse
(Rosaceae)

Anderer Name: Schwarzdorn, Schlehdorn
Verbreitung: Nordafrika, Kleinasien und Europa. D, CH, A, in Norddeutschland selten, im Süden häufiger.
Lebensraum: Vom Tal bis auf 1600 m Höhe im Alpenbereich. Variabel, Hecken, Waldrand, Wegraine, Geröllhalden oder Felskuppen. Am liebsten trockene, stickstoffarme, sandige oder steinige, kalkhaltige Standorte in sonniger, mäßig warmer bis warmer Lage.
Vergesellschaftet mit Hundsrose, Rotem Hartriegel, Weißdorn, Haselnuß, Liguster, Berberitze, Weinrose, Waldrebe oder Weichselkirsche.
Erscheinungsbild: Dorniger, je nach Standort dicht oder dünn wirkender, mittelgroßer Strauch bis 2 (3) m. Dünnbleibende Äste und Zweige, kaum Stammbildung. Bildet allein oder mit anderen Heckensträuchern undurchdringliche Dickichte. Bis 60 Jahre alt.
Blüte: April–Mai, vor Laubaustrieb.
Einhäusig, zweigeschlechtlich, Tausende kleine, bis 2 cm breite, schneeweiße, kurzgestielte, 5blättrige Scheibenblüten aus bis 3 zusammenstehenden Knospen. Staubbeutel gelb, selten rötlich. Honigduft.
Frucht: September–Oktober.

Runde, bis haselnußgroße, kurzgestielte, blauschwarz bereifte Steinfrucht mit einem großen Kern und wenig Fruchtfleisch. **Eßbar.** Herb zusammenziehender Geschmack, nach dem ersten Frost mild süß.
Blatt: Einfach, bis 5 cm lang und bis 2 cm breit, lang-elliptisch, am Rand scharf gesägt. Weich, unterseits flaumig behaart, hellgrün, älter verkahlend, dunkelgrün. Intensiv gelbe bis bräunliche Herbstfärbung. Säuerlich.
Zweige: Stark verästelt mit dünnen bis fingerlangen, oft rechtwinklig abstehenden Dornen. Jung weißsamtig behaart, älter kahl, rötliche Korkwarzen.
Rinde: Rotbraun bis braunschwarz.
Holz: Hart mit rötlichem Splint und braunrotem Kern. Langsamwüchsiger Tiefwurzler mit Wurzelschößlingen.
Wirkstoffe: In den Blüten Flavone, Blausäure- und Cumarinverbindungen. In den Beeren Gerbstoffe, Fruchtsäuren, Pektin, Fruchtzucker und Vitamin C.
Ähnlich aussehende Arten: Am gleichen Standort Verwechslung mit Schlehenpflaume, Haferschlehe oder Kriechenpflaume (*P. insititia*) möglich. Jedoch wird die Schlehenpflaume als Großstrauch oder kleiner Baum höher (3–7 m), hat weniger bedornte Zweige, größere Blätter (4–8 cm) und Blüten (2–3 cm), außerdem doppelt so große Früchte (3 cm), deren Stein länglicher und scharfkantiger ist.
Wert für Tiere: Die Blätter sind Nahrung für die Raupen von Schlehenzipfelfalter, Baumweißling und Segelfalter. Die offenen Scheibenblüten bieten reiche Nektarnahrung, speziell für Zierbock, Kaisergoldfliege und Tanzfliege. Die Steinfrüchte werden gern von Vögeln und Feldhasen gefressen. Vogelschutzgehölz!
Besonderes: Im Volksglauben ist die Schlehe ein Zauberstrauch. Die undurchdringlichen Gebüsche beherbergen Gutes und Böses. Schlehen vor das Haus gepflanzt, schützen gegen Blitz, Feuer und Krankheit. Spazierstöcke aus Schwarzdorn schützen den Wanderer vor geheimnisvollen Mächten im Schlehenbusch am Wegesrand.

Traubenkirsche
Prunus padus
Rosengewächse
(Rosaceae)

Anderer Name: Ahlkirsche
Verbreitung: Nordasien und Europa. D, CH, A, weit verbreitet.
Lebensraum: Von der Ebene bis auf 1500 m Höhe. Flußniederungen, Auen, Bachläufe, Flachmoore, Waldrand. Bevorzugt stickstoffreiche und mäßig warme Standorte in halbschattigen Lagen.
Vergesellschaftet mit Roter Heckenkirsche, Waldgeißblatt, Haselnuß, Schwarzem Holunder, Pfaffenhütchen, Gemeinem Schneeball und Weidenarten.
Erscheinungsbild: Dicht belaubter, außen hängender Großstrauch bis 8 m oder 10–15 m hoher Baum. Tief angesetzte, ausladende Krone. 60–80 Jahre alt.
Blüte: Mai–Juni, nach Laubbildung.
Einhäusig, zweigeschlechtlich, bis 20 in lockeren Trauben hängende, bis 2 cm breite, weiße, 5blättrige Scheibenblüten mit gelben Staubbeuteln. Honigduft.
Frucht: Juli–August.
Erbsengroße, rundliche, rotschwarze Steinfrüchte mit großem, spitzem Kern. Stark riechend. **Bis auf den Kern eßbar.** Bittersüß.
Blatt: Einfach, bis 12 cm lang, elliptisch spitz, am Rand scharf gesägt. Oberseite dunkelgrün, Unterseite bläulichgrün, kahl. Rote oder gelbe Herbstfärbung. Bittermandelgeschmack.

Zweige: Unbewehrt, dünn und lang, am Ende überhängend. Jung leicht behaart und grün, alt kahl, braunrot bis bräunlichgrau. Riechen nach Bittermandel.
Rinde: Schwarzgrau, im Alter dünne, längsrissige Borke.
Holz: Mit gelblichweißem Splint und braungelbem Kern. Schnellwüchsiger Tiefwurzler mit Wurzeltrieben.
Wirkstoffe: Im Stengel Gerbstoffe, in der Rinde Amygdalin, in den Blättern Cumarin-Verbindungen, in der Frucht Fruchtsäuren, Fruchtzucker und Vitamin C.
Ähnlich aussehende Arten: Die bei uns eingebürgerte, baumartige Spätblühende Traubenkirsche (*P. serotina*) aus Nordamerika wird weitaus größer (bis 30 m) und ist von aufrechterem Wuchs. Die Blüten werden nur bis 1 cm groß, die Blätter sind längs der Mittelrippe gelblich bis bräunlich behaart.
Häufig als Unterholz in Nadelwäldern zur Bodenverbesserung gepflanzt. – Steinweichsel, Felsenkirsche, Türkische Weichsel oder Weichselkirsche (*P. mahaleb*), Mittel- bis Großstrauch, seltener kleiner Baum bis 8 m. Bevorzugt sonnige, trockene und steinige Lagen im Hügelland und in Gebirgsvorläufern. speziell Kalk. Blätter nur bis 6 cm lang. – Zwergweichsel (*P. fruticosa*), kurzästiger, oft liegender Kleinstrauch um 1 m, mit noch kleineren Blättern (bis 4 cm). Bevorzugt trockene Gebüsche auf kalkhaltigem Boden an warmen Hängen und in lichten Bergwäldern. – Die Vogel- oder Wildkirsche (*P. avium*) besiedelt Wälder, Gebüsche, Waldränder und Bachufer, verträgt jedoch nicht zuviel Feuchtigkeit und steht gern sonnig. Kommt jedoch fast nur in Baumform vor. Blätter bis 15 cm.
Wert für Tiere: Die nektarreichen Scheibenblüten locken Honigbiene, Schweb- und Blumenfliegen an, die Blätter sind Raupennahrung für Birkenzipfelfalter, unter der Rinde lebt die Larve des Obstbaumsplintkäfers. Die Kirschen werden von Vögeln, vor allem Singdrosseln, gern gefressen.
Besonderes: Wildkirschen sind besonders dekorative Sträucher und Bäume!

Berberitze
Berberis vulgaris
Berberitzengewächse
(Berberidaceae)

Anderer Name: Sauerdorn
Verbreitung: Amerika, Ost- und Mittelasien, Europa. D, CH, A, selten in Süddeutschland, verstreut im Alpenraum.
Lebensraum: Vom Tal bis in Berglagen auf 2700 m. An offenen Abhängen und Kuppen, im lichten Wald, als Heckenpflanze, am Waldrand. Bevorzugt sonnige, warme bis mäßig warme und frische Standorte, am liebsten auf kalkreichen, stickstoffarmen Böden.
Häufig vergesellschaftet mit Liguster, Weinrose, Schlehe, Hundsrose, Hartriegel, Weißdorn oder Himbeere.
Erscheinungsbild: Stacheliger Mittelstrauch bis 2 (4) m, mit schlanken, langen Zweigen. Wird sehr dicht und bildet auf gutem Standort ein undurchdringliches Gestrüpp.
Blüte: Mai–Juni, nach Laubaustrieb.
Einhäusig, zweigeschlechtlich, 6–12 halbkugelige, bis 1 cm breite, vielblättrige Schalenblüten von gelber Farbe, in fingerlangen, hängenden Trauben, die 6 Staubblätter klappen bei mechanischer Reizung zum Stempel hin um. Aromatisch süßer Duft.
Frucht: August–September.
Walzige, rote, bis 1 cm lange Beeren in Trauben. Enthalten bis 2, selten mehr Samenkerne. **Eßbar.**

Angenehmer säuerlicher Geschmack, der auch zum Namen „Sauerdorn“ geführt hat.
Blatt: Einfach, am Rand fein gesägt und dornig bewimpert, kurz gestielt, länglich-eiförmig, bis 5 cm lang. Büschelartig in den Achseln der Dornen sitzend, spiralig angeordnet. Oberseits dunkelgrün, unterseits heller graugrün. Saurer Geschmack.
Zweige: Lang, rutenförmig gebogen, meist mit 3 Blattdornen. Jung gelblich, dann bräunlich, im Alter gelblich-grau. Zweige duften schwach.
Rinde: Wurzelrinde mit bitterem Geschmack, färbt zerkaut den Speichel gelb.
Holz: Gelb. Mittelschneller Kompaktwurzler.
Wirkstoffe: In allen Pflanzenteilen, speziell in der dadurch gelb gefärbten Wurzelrinde, das Alkaloid Berberin (bis zu 4%). In den Beeren bis zu 6% Fruchtsäuren und Zucker, außerdem Pektin und reichlich Vitamin C.
Ähnlich aussehende Arten: Durch die langen, rutenförmigen Zweige mit den dreiteiligen Dornen, den aus den Dornenachseln wachsenden Blättern, den gelben Blüten und roten Früchten ist die Berberitze am gleichen Standort mit anderen Dornensträuchern nicht zu verwechseln.
Wert für Tiere: Die nektarreichen Schalenblüten sind eine wertvolle Insektenweide, speziell für Distelfalter, Baumhummel, Rosenkäfer und Schwebfliegen. Die bis in die kalte Jahreszeit am Strauch hängenden, vitaminreichen Beeren sind beste Nahrung für Haselmaus, Gimpel, Kernbeißer oder Amsel. Der Strauch selbst ist ein ideales Brutgehölz und Versteck für Vögel.
Besonderes: Die Berberitze ist Überträger des Getreide-Rostes (*Puccina graminis*), deshalb in der Nähe von Getreidefeldern nicht erwünscht und in Deutschland aus Prinzip fast überall ausgerottet. Dabei gehören sie von Natur aus zu unserer Landschaft!

Gemeine Felsenbirne
Amelanchier ovalis
Rosengewächse
(Rosaceae)

Verbreitung: Süd- und Mitteleuropa, D, CH, A, selten, vorwiegend in Süddeutschland und den Alpen.
Lebensraum: Mittlere Lagen bis 2000 m aufsteigend. Auf Felsen, Steinhängen, in Felsspalten, Geröllhalden, Steinbrüchen, am Waldrand, im Gebüsch. Spezialist und Pionierstrauch für trockene, mineralreiche, stickstoffarme, oft steinige und felsige Böden, die Kalk enthalten müssen. Bevorzugt sonnige Lagen. Erträgt Trockenheit. Charakteristische Begleitpflanze von Trockenrasen und Halbtrockenrasen.
Vergesellschaftet mit anderen wärmeliebenden Wildsträuchern wie Berberitze, Zwergmispel, Weichselkirsche, Schlehe, Weißdorn, Wolligem Schneeball und Liguster.
Erscheinungsbild: Kleinstrauch bis 2 (3) m. Buschig wirkend, lange, dünne Stämmchen entspringen einem gemeinsamen Zentrum.
Blüte: April–Mai, parallel zum Laubaustrieb.
Einhäusig, zweigeschlechtlich, bis 10 Scheibenblüten in endständigem, aufrechtem Blütenstand. 5 weiße Blütenblätter, an der Spitze oft rötlich, außen behaart. Blütenblätter schmal (bis $^1/_2$ cm), aber lang (bis 2 cm) und weit ausgebreitet, so daß sie Narbe und Staubgefäße nicht umschließen. Kein besonderer Duft.

Frucht: Juli–August.
Erbsengroße, beerenartige Apfelfrucht mit 4–10 glänzenden, flachen Samen. Kugelig, langgestielt, aufrechtsitzend. Kelchblätter vertrocknet an der Fruchtspitze. Unreif rötlich, reif tiefblau bis blauschwarz, mehlig bereift. **Eßbar.** Mehlig, wohlschmeckend (Feigengeschmack!).
Blatt: Einfach, oval-spitz, am Rand fein gezähnt, bis 4 cm lang, anfangs und unterseits weiß befilzt, oberseits später verkahlend und dunkelgrün. Intensive Herbstfärbung zwischen orange und scharlachrot.
Zweige: Unbewehrt, schlank und aufrecht, wenig verästelt, dornenlos. Junge Triebe anfangs weißfilzig, abblätternd, dann kahl. Ausläufer bildend.
Rinde: Braungrau.
Wirkstoffe: Nichts Näheres bekannt.
Ähnlich aussehende Arten: Am Standort ist die Felsenbirne allenfalls mit der Gemeinen Zwergmispel (*Cotoneaster integerrima*) zu verwechseln, die auch buschig auswächst, eine ähnliche Blattform und erbsengroße Früchte besitzt.
Wert für Tiere: Die nektarreichen Scheibenblüten werden von verschiedenen Insekten besucht. Schwarzdrosseln fressen die Apfelfrüchte, und auf steinigen Hängen ist der Strauch oft die einzige Deckung.
Besonderes: Die Felsenbirne gedeiht noch an Standorten, an denen selbst viel genügsamere Kräuter nicht mehr Fuß fassen. Mit langen Ausläufern dringt sie tief in Felsspalten vor und kann dort Wasser und Nährstoffe aufschließen und als Nebeneffekt den Boden für nachfolgende Kräuter und Sträucher bereiten. Im Unterschied zur Rostroten Alpenrose verträgt die Felsenbirne Kälte jedoch nicht. Sie kommt aus wärmeren, südlicheren Gefilden zu uns, ist Vorläufer einer extrem licht- und wärmehungrigen Vegetation. Das macht sie selten bei uns, ihre raren Standorte aber um so wertvoller.

Schwarze Johannisbeere
Ribes nigrum
Steinbrechgewächse
(Saxifragaceae)

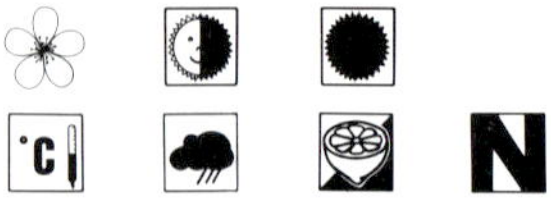

Andere Namen: Wanzenbeere, Ahlbeere
Verbreitung: Asien, Europa, D, CH, A, verstreut in Tallagen vor allem im Norden, sonst selten.
Lebensraum: In Tallagen. Unterwuchs in Auen, Bruchwald, Ufergebüsch und Laubmischwald, Flachmooren. Bevorzugt leicht saure bis basische, feuchte, stickstoffhaltige Böden in schattiger bis halbschattiger, warmer Lage.
Vergesellschaftet mit Holunder, Pfaffenhütchen, Himbeere, Faulbaum, Gemeinem Schneeball, Weidenarten, Roter Johannisbeere und Alpenjohannisbeere.
Erscheinungsbild: Stachelloser Mittelstrauch um 1 (2) m. Kräftig buschig, breit werdend.
Blüte: April–Mai, nach Laubbildung.
Einhäusig, zweigeschlechtlich, bis 10 fingernagellange Glockenblüten in weichbehaarten, hängenden Trauben. Grünlichroter, flaumiger Kelch. Kelchzipfel stumpf zurückgeschlagen, länger als die 5 grünlichen Blütenblätter. Strenger Geruch.
Frucht: Juni–Juli.
Erbsengroße, kugelige Beeren mit Samenkernen, violett bis schwarz, sehr saftig, glänzend, an kurzem Stiel in Trauben, Kelchblätter vertrocknet an der Spitze sitzend. Strenger Geruch. **Eßbar.** Süß mit eigenartig intensivem Nachgeschmack.

Blatt: Einfach, bis 10 cm breit, herzförmiger Umriß, 3- bis 5lappig, leicht gesägt, oberseits kahl, dunkelgrün, unterseits heller grün mit gelben Drüsen. Gelbbraune Herbstfärbung. Intensiver Geruch, trockene Blätter geruchlos. Pilzartiger Geschmack.
Zweige: Unbewehrt, rutenförmig, lang. Jung gelbbraun, flaumig behaart, älter braun, verkahlend. Mit Drüsen besetzt. Schnellwüchsiger Kompaktwurzler.
Rinde: Hellgrau bis schwarzbraun.
Wirkstoffe: In den Früchten vor allem Vitamin C (bis zu 120 Milligramm in 100 Gramm), daneben noch Vitamin B, Fruchtsäuren, Pektin und Öl. In den Blättern ätherische Öle (Geruch), Gerbstoffe und organische Säuren.
Ähnlich aussehende Arten: Rote Johannisbeere (*R. rubrum*), bis 2 m, stachellos, Blätter bis 10 cm, säuerliche, rote Früchte bis 1 cm, Auwälder, verstreut. – Alpenjohannisbeere (*R. alpinum*), bis 3 m, stachellos, Blätter bis 5 cm, getrenntgeschlechtlich, kleinere, rote, fade schmeckende Beeren, verstreut, felsige Abhänge, Bergwälder, feuchte Laubwälder. – Felsenjohannisbeere (*R. petraeum*), bis 1 m, stachellos, Blätter bis 10 cm, getrenntgeschlechtlich, kleine, dunkelrote, saure Beeren, schattige Bergwälder, felsige Hänge, verstreut im Süden. – Stachelbeere (*R. uva-crispa*), bis 1 m, mit Stacheln, Blätter bis 6 cm, gelbgrünliche, süßliche Früchte bis 1 cm, lichte Wälder, Waldrand, felsige Hänge, verstreut.
Wert für Tiere: Die Blätter dienen als Futter für die Raupen des C-Falters. Die nektarreichen Glockenblüten werden gerne besucht von Sandbienen und Erdhummeln. Waldmäuse und Drosselarten fressen die Beeren sehr gerne.
Besonderes: Das „Sant johans treublin“ findet sich 1484 erstmals abgebildet. Den Namen verdankte es der Reifezeit um Johanni und der entfernten Ähnlichkeit mit einer Weintraube. Als Gartenpflanze schließlich taucht der Strauch 1561 auf.

Stachelbeere
Ribes uva-crispa
Steinbrechgewächse
(Saxifragaceae)

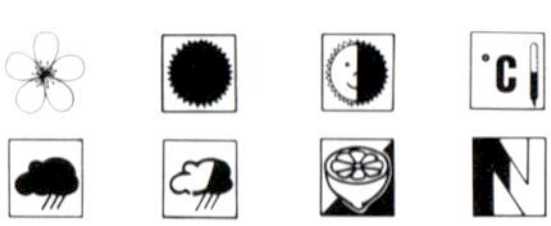

Verbreitung: Nordafrika, Europa bis Kaukasus. D, CH, A, verstreut.
Lebensraum: Vom Tal bis auf 1300 m. Unterwuchs in Auen, Bruchwald, Ufergebüsch, Laubmischwald, felsige Hänge, Waldrand, Hecken. Liebt kühlere, feuchte bis mäßig feuchte, schattige bis halbschattige, stickstoffhaltige Standorte.
Vergesellschaftet mit Berberitze, Kreuzdorn, Schwarzem Holunder, Heckenkirsche, Weißdorn, Traubenkirsche, Pfaffenhütchen, Haselnuß, Himbeere, Roter Johannisbeere, Alpenjohannisbeere oder Schwarzer Johannisbeere.
Erscheinungsbild: Dorniger Kleinstrauch von 1 m Höhe. Reich und unregelmäßig verzweigt, sparrig wirkend.
Blüte: April–Mai, nach Laubbildung.
Einhäusig, zweigeschlechtlich, gestielte, grünlichgelbe bis braunrote Kelche, bis 1/2 cm, mit zurückgeschlagenen Zipfeln, 5 Blütenblätter der Glockenblüten innen, klein weißlichgrün, teils rötlich überlaufen, in bis 3blütigen Trauben. Kein besonderer Geruch. (Das Bild zeigt die Blüte einer Gartenform.)
Frucht: Juni–Juli.
Bis 1 cm lange, kugelig ovale Beeren mit Borsten, gelblichgrün bis rötlich angelaufen, fleischig saftig mit vielen kleinen Samen. **Eßbar.** Süß aromatisch.

Blatt: Einfach, bis 4 cm breit, herzförmig, 3- bis 5lappig, grob gekerbt und langgestielt. Meist behaart, oberseits glänzend dunkelgrün, unterseits heller. Gelbrote Herbstfärbung. Schwacher Bittergeschmack.
Zweige: Lang und dünn, mit kräftigen, bis 1 cm langen, grauen Stacheln mit gelbbraunen Spitzen bis zu 3 (5) unterhalb der Blätter. Jung flaumig behaart, älter kahl.
Rinde: Grau bis braun, rissig und abblätternd.
Wirkstoffe: In reifen Früchten vor allem Vitamin C, außerdem viel Kalium.
Ähnlich aussehende Arten: Rote Johannisbeere (*R. rubrum*), bis 2 m, stachellos, Blätter bis 10 cm, säuerliche, rote Früchte bis 1 cm, Auwälder, verstreut – Alpenjohannisbeere (*R. alpinum*), bis 3 m, stachellos, Blätter bis 5 cm, getrenntgeschlechtlich, kleinere, rote, fade schmeckende Beeren, felsige Abhänge, Bergwälder, feuchte Laubwälder, verstreut. – Felsenjohannisbeere (*R. petraeum*), um 1 m, stachellos, Blätter bis 10 cm, getrenntgeschlechtlich, kleine, dunkelrote, saure Beeren, schattige Bergwälder, felsige Hänge, verstreut im Süden. – Schwarze Johannisbeere (*R. nigrum*), um 1 m, stachellos, Blätter bis 10 cm, schwarze Früchte bis 1 cm mit süßem, intensiv-strengem Geschmack, Auwälder, Laubwälder, verstreut, im Süden selten.
Wert für Tiere: Blätter Raupennahrung für C-Falter. Die nektarreichen Glockenblüten sind wichtig für Wildbienen, speziell Sandbienen. Die Beeren werden gern gefressen von Haselmaus, Singdrossel, Eichhörnchen, Siebenschläfer und Igel.
Besonderes: Großfrüchtige und wohlschmeckende Kultursorten mit Früchten von 10 Gramm und mehr stellen den Wildstrauch, dessen Beeren gerade den zehnten Teil wiegen, leicht in den Schatten. Doch warum sie nicht dorthin stellen, als dornenbewehrter Unterwuchs in einer Naturhecke, irgendwo an ein vergessenes Plätzchen, an dem es nicht darauf ankommt, wieviel hier wächst?

Eingriffeliger Weißdorn
Crataegus monogyna
Rosengewächse
(Rosaceae)

Andere Namen: Hagedorn, Heckdorn, Mehldorn, Müllerbrot
Verbreitung: Nordafrika, Westasien, Europa. D, CH, A, verbreitet.
Lebensraum: Ebene, Hügelland und Berglagen, steigt bis 1500 m. Reiche, dichte Laubwälder, Auen, Waldrand, Gebüsche, Hecken, felsige Hänge. Anspruchsloser Generalist auf mageren, sandigen und steinigen Böden. Bevorzugt auf sonnigen, mäßig warmen, trockenen bis mäßig feuchten, basischen und stickstoffarmen Standorten.
Vergesellschaftet mit Schlehe, Rotem Hartriegel, Haselnuß, Liguster, Berberitze, Waldrebe, Sanddorn, Hainbuche, Efeu, Felsenbirne, Zwergmispel und Rosenarten.
Erscheinungsbild: Dorniger Mittel- bis Großstrauch zwischen 3–5 m, baumartig bis 8 m hoch. Dichte, breite, oft weit heruntergezogene Krone. Bis 500 Jahre alt.
Blüte: Mai–Juni, nach Laubbildung.
Einhäusig, zweigeschlechtlich. Äste übersät mit bis 2 cm breiten, weißlichen oder leicht rosafarbenen, fünfblättrigen Scheibenblüten mit einem Griffel. Intensiv dumpfer Geruch.
Frucht: September–Oktober.
Bis fingernagelgroße, einkernige Apfelfrüchte, rot

mit gelbem Fleisch, an der Spitze kraterförmige Vertiefung, vertrocknete Kelchblätter sichtbar. Langgestielt in Büscheln bis zu 15. **Eßbar.** Mehlig, säuerlich-herber Geschmack.
Blatt: Einfach, bis 5 cm lang, tief 3- bis 7lappig, im Umriß fast oval. Oberseits satt dunkelgrün, glänzend, unterseits heller, gelb bis bläulich. Herbstfärbung gelbbraun.
Zweige: Äste und Zweige mit starken, bis 3 cm langen Dornen.
Rinde: Hellglänzend, weißlich bis rötlich.
Holz: Matt rötlich, feinringig, schwer und hart. Langsamwüchsiger Tiefwurzler.
Wirkstoffe: Hauptsächlich Flavone, außerdem ätherische Öle, Amine und Gerbstoffe.
Ähnlich aussehende Arten: Zweigriffeliger Weißdorn (*C. oxyacantha*), meist nur bis 3 (4) m. Blüte mit 2–3 Griffeln, 14 Tage früher, Frucht 2–3 Kerne, länglicher, Blatt nur dreilappig, in kühleren, feuchteren Lagen.
Wert für Tiere: Blätter Raupennahrung für Segelfalter, Baumweißling oder Trauer-Grünwidderchen. Die nektarreichen Scheibenblüten locken Zierbock, Blumenfliegen und Wildbienen (speziell Sandbienen), stellen aber auch für Schmetterlinge eine wichtige Nahrungsquelle dar. Die roten Apfelfrüchte werden gern von Vögeln, Mäusen und Hasen gefressen. Vogelschutzgehölz.
Besonderes: Gemahlene Weißdornfrüchte benutzte man in Notzeiten als Mehl, geröstete Kerne als Kaffee-Ersatz. Seine Schnittfestigkeit und gute Ausschlagfähigkeit machte den Weißdorn früher im ländlichen Bereich zur häufigen Heckenpflanze für Gärten und Weiden.
Weißdorn-Präparate spielen heute eine nicht unbedeutende Rolle als Herzmittel zur Durchblutungsförderung und Stärkung.

Besenginster
Cytisus scoparius
Schmetterlingsblütengewächse
(Leguminosae)

Andere Namen: Gemeiner Besenginster, Besenpfriem
Verbreitung: Europa. D, CH, A, verbreitet in Ebene und Hügelland, verstreut bis selten im Gebirge.
Lebensraum: Von der Ebene bis in 1700 m Höhe. Lichte Wälder, bevorzugt Kiefern, Waldränder, Gebüsche, Heiden, felsige Hänge. Gern auf trockenen bis mäßig feuchten, sauren, mageren, sandigen, steinigen oder felsigen Böden, wärmebedürftig und frostempfindlich. In Berglagen nur an sonnigen Standorten.
Vergesellschaftet mit Heidekraut, Wacholder, Blaubeere, Preiselbeere, Zwergmispel, Felsenbirne, Weichselkirsche, Berberitze, Weißdorn, Schlehe, Rosen- und anderen Ginsterarten.
Erscheinungsbild: Buschiger Klein- bis Mittelstrauch bis 3 m. Weniglaubig, aber vieltriebig und verzweigt, nur armdicke Stammbildung. Ausschlagfreudig, deshalb alt werdend.
Blüte: Mai–Juni, nach Laubbildung.
Einhäusig, zweigeschlechtlich, bis 2 cm große, kurzgestielte, leuchtend goldgelbe Schmetterlingsblüten, einzeln oder zu zweit aus Blattwinkeln, im oberen Zweigteil gehäufter. Zarter Honigduft.
Frucht: August–Oktober.
An den Rändern behaarte, stark zusammengedrück-

te, kurz zugespitzte Hülsen, bis 5 cm, mit zahlreichen bohnenförmigen, braunen Samen. Zuerst grün, dann braun bis schwarz, bei Trockenheit hörbar aufplatzend, dabei die Samen fortschleudernd. **Giftig!**
Blatt: Zwei Blattformen, an der Triebbasis kurzgestielte, dreiteilig zusammengesetzte Fiederblätter, an der Triebspitze einfache ungestielte Blätter. Einzelblätter bis 2 cm lang, schmallänglich, spitz, glattrandig. Oberseits dunkelgrün, unterseits heller, etwas behaart, Laubabwurf gelber Blätter oft schon im Sommer. Leicht bitterer Geschmack.
Zweige: Unbewehrt, rutenförmig biegsam, dicht stehend, fünfkantig gefurcht, fast laublos, aber laubgrün gefärbt, trocken mit Blättern schwarz werdend.
Rinde: Braun.
Holz: Weiß, im Kern braun, schnellwüchsiger Tiefwurzler.
Mit stickstoffsammelnden Wurzelknöllchen.
Wirkstoffe: In Samen, Blatt und Zweigspitzen das Alkaloid Spartein bis 1 %, außerdem Flavone, Gerbstoffe, Bitterstoffe, Harze und ätherische Öle.
Ähnlich aussehende Arten: Stechginster oder Gaspeldorn (*Ulex europaeus*), bis 2 m, bis 12 cm lange Dornen, Blätter bis 1 cm, Blüten meist einzeln. Hülse 1 cm lang; sandige Kiefernwälder, Heiden, Hügel, verstreut im Nordwesten und Westen.
Deutscher Ginster (*G. germanica*), bis 1 m hoch, stark bedornt, Blätter bis 2 cm lang, behaart, Blüten in bis 5 cm langen Trauben, Hülse bis 1 cm; trockene Wälder, Magerwiesen, Heiden, Hügel, verstreut, im Norden und Nordwesten selten.
Englischer Ginster (*G. anglica*), bis 1 m, dornig, Blätter bis 1 cm, wenige Blüten in endständigen Trauben; Heiden, lichte Wälder, verbreitet im Nordwesten und Norden, sonst selten.
Färberginster (*G. tinctoria*), bis 2 m, dornenlos, Blätter bis 3 cm, reichblütig in bis 6 cm langen Trauben, Hülse bis 2 cm; Magerwiesen, lichte Nadelwälder, Heiden, sonnige Hügel, verbreitet, selten im Nordwesten und in den Alpen.

Behaarter Ginster, Sand- oder Heideginster (*G. pilosa*), bis 1/2 m, dornenlos, behaarte Zweige, Blätter bis 2 cm, Blüten bis zu 3 achselständig, Hülse bis 3 cm; Heiden, lichte Wälder, sonnige Hügel, verstreut.
Flügel-Ginster (*G. sagittalis*), bis 1/2 m, dornenlos, Stengel mit zwei breiten Flügelkanten, Blätter bis 1 cm, Blüten zahlreich in bis 6 cm kurzen Trauben, Hülse bis 2 cm; trockene Wiesen, lichte Wälder, sonnige Hügel, selten, verstreut im Südwesten.
Wert für Tiere: Blätter Raupennahrung für Ideas-Bläuling und Braunen Feuerfalter, außerdem beliebte Wildäsung für Feldhase und Reh. Die pollenreichen Schmetterlingsblüten ziehen speziell Hummelarten und Holzbienen an, die fleischigen Samenanhängsel werden gerne von Ameisen gefressen. Gute Deckungspflanze.
Besonderes: Blätter hat der Ginster nicht mehr viele oder nur sehr kleine. Trotz Blättermangel fehlt dem Ginster nichts, die grünen Triebe ernähren den Strauch so gut wie grüne Blätter. Mit dieser Anpassung vermag der Besenginster an Standorte zu gehen, die jedem anderen Strauch zu heiß oder zu trocken sind. Und weil manche Ginsterarten dann noch einen Teil ihrer Blätter in Schutzdornen umwandelten, kommt so schnell keiner an die saftigen, wasserspeichernden Triebe heran. Damit könnte die deutsche Ausgabe eines Kaktus durchaus in einer mexikanischen Halbwüste überleben.

Gelber Blasenstrauch
Colutea arborescens
Schmetterlingsblütengewächse
(Leguminosae)

Anderer Name: Gemeiner Blasenstrauch
Verbreitung: Nordafrika, Kleinasien, Europa. D, CH, A, selten. Schwerpunkt im Süden.
Lebensraum: Vor allem im Hügelland, steigt auf bis 1200 Meter. Offene Hänge, Gebüsch, felsige Kuppen, Geröllflächen, Steinbrüche. Sonneliebender Strauch, bevorzugt kalkhaltigen Boden.
Vergesellschaftet mit anderen wärmeliebenden Arten wie Berberitze, Liguster, Zwergmispel, Wolligem Schneeball, Felsenbirne oder Weichselkirsche.
Erscheinungsbild: Reich verzweigter, breit werdender, aufrechter, aber nicht sehr starker Mittelstrauch bis 3 (4) m.
Blüte: Mai – August, nach Laubbildung.
Einhäusig, zweigeschlechtlich, bis 2 cm lange, leuchtend schwefelgelbe Schmetterlingsblüten zu 6 – 8 (5 – 12) in aufrechten Trauben aus Blattachseln. Betäubend süßer Duft.
Frucht: August – Oktober.
Bis 8 cm lange, an kurzen Stielen hängende Hülsen mit 20 – 40 nierenförmigen, braunschwarzen Samen. Kahl, dünnwandig, aufgeblasen wirkend, grünlich oder rötlichbraun. Bleiben lange geschlossen am Strauch, teilweise bis zur nächsten Blüte. **Giftig!**
Blatt: Zusammengesetztes Fiederblatt aus 7–12 einzelnen Blättern. Einzelblätter bis 2 cm lang, oval bis

eiförmig, glattrandig, vorne leicht eingebuchtet. Oberseits frischgrün, unterseits heller, etwas behaart. Nachhaltig bitterer Geschmack.
Zweige: Unbewehrt, reich verästelt, dicht belaubt, biegsam. Jung behaart hellgrün, später kahl, graugrün, innen teilweise hohl, netzartiges Mark. Schnellwüchsiger Tiefwurzler.
Rinde: Gelbgrün bis braun, alt braunschwarz, dünn, längs abfasernd.
Wirkstoffe: In Blättern und Samen ein unbekannter Bitterstoff, in Samen bis zu 12% Öl.
Ähnlich aussehende Arten: Goldregen (*Laburnum anagyroides*), ein gelegentlich verwilderter Zierstrauch aus Südeuropa, unterscheidet sich durch ein dreizähliges Fiederblatt mit größeren (bis 8 cm) Einzelblättern, längere traubige Blütenstände (bis 25 cm) und stärkeren Wuchs (bis 6, selten 9 m).
Wert für Tiere: Die Blätter dienen als Wildäsung, auf die pollenreichen Schmetterlingsblüter spezialisiert haben sich Hummeln und Holzbienen. Die Samen werden von verschiedenen Vogelarten gefressen.
Besonderes: Der Blasenstrauch besitzt wie viele Schmetterlingsblütler die Fähigkeit, mit stickstoffsammelnden Bakterien eine wechselseitig nützliche Beziehung (Symbiose) aufzubauen. Zunächst dringen im Boden vorhandene „Knöllchenbakterien" in das Wurzelsystem ein, infizieren es und bewirken als Abwehrreaktion der Pflanze Gewebeschwellungen, die „Wurzelknöllchen". In ihnen leben, ernähren und vermehren sich die Bakterien auf Kosten ihres Wirtes. Doch was zunächst einseitig aussieht, nutzt bald auch der Pflanze, denn die Bakterien können Luftstickstoff im Boden binden und geben ihn der Pflanze ab – ein lebensnotwendiger Nährstoff für diese.

Gemeine Brombeere
Rubus fruticosus
Rosengewächse
(Rosaceae)

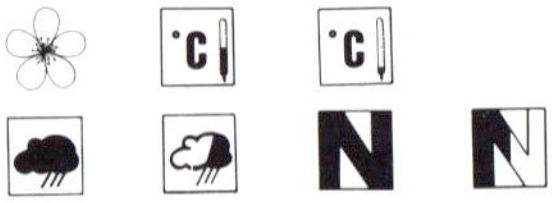

Anderer Name: Echte Brombeere
Verbreitung: Europa, teils verwilderte Kultursorten. D, CH, A, Dutzende von Unterarten mit verschiedenen Standortansprüchen.
Lebensraum: In Ebene und Bergland bis 800 m. Äußerst variabel. Wegraine, Hecken, Waldrand, Waldunterwuchs, Steinbrüche, Sandgruben, Brachland, Gärten. Anspruchsloser Generalist auf sauren bis basischen, sandigen, lehmigen oder humosen Böden, gern stickstoffreich, etwas feuchter, in sonniger oder schattiger, warmer bis mäßig warmer Lage. Vergesellschaftet mit Himbeere, Schlehe, Weißdorn, Hartriegel, Heckenkirsche, Berberitze, Heidekraut, Ginster, Hundsrose und Haselnuß.
Erscheinungsbild: Liegender, kriechender oder kletternder Strauch bis 3 m, mit langen, selten verzweigten, dornigen Trieben. Einzelne Ausläufer bis 5 m. Dichte Büsche bildend oder andere Sträucher mit Ranken überwachsend. Zweijährig.
Blüte: Juni–August, manchmal noch September, nach Laubaustrieb.
Einhäusig, zweigeschlechtlich, bis 2 cm breite, weiße bis rosafarbene Scheibenblüten in lockeren Trauben an besonderen Seitentrieben. Offenliegende Staubgefäße und Fruchtknoten. Aromatisch duftend.
Frucht: Je nach Lage von Juli–November.

„Beeren", tatsächlich aus einzelnen Steinfrüchten bestehende Sammelfrucht, bis 2 cm Durchmesser, unreif grün, dann rot, reif blauschwarz oder schwarzglänzend. **Eßbar.** Leicht säuerlich, vollreif aber süß aromatisch und saftig.

Blatt: Zusammengesetzte bis handgroße 5- (3- bis 7-)teilige Fiedern. Einzelblätter bis 12 cm, spitz oval, gezähnt. Blattstiel und Nerven mit rückwärts gerichteten Stacheln, oberseits dunkelgrün und kahl, unterseits heller und graufilzig behaart. Können grün überwintern, ansonsten braunorange oder tiefrote Herbstfärbung. Pilzgeschmack, pelzig-zusammenziehend.

Zweige: Kantige Ranken mit zahlreichen rückwärts gerichteten Stacheln. Bodenliegende Ranken können an der Spitze Wurzeln schlagen und neue Pflanzen bilden. Schnellwüchsiger Tiefwurzler mit Wurzelschößlingen.

Rinde: Jung grün, in sonnigen Lagen älter rotbraun bis rot.

Wirkstoffe: In den Blättern Gerbstoffe, ätherische Öle und organische Säuren. In den Beeren Fruchtsäure, Pektin und viel Vitamin C.

Ähnlich aussehende Arten: Ackerbrombeere oder Kratzbeere (*R. caesius*), bis 3 m, Triebe mit wenigen schwachen, fast geraden Stacheln, Frucht schwarzblau bereift; D, CH, A, Auen, Waldrand, Hecken, Geröll, Wegrain, kalkliebend, verbreitet bis 1600 m. – Stein- und Felsenbeere (*R. saxatilis*), bis $^1/_2$ m, behaarte Triebe mit feinen geraden Stacheln, rote Beeren; D, CH, A, kalkliebend, offene Hänge, Gebüsch, lichter Wald, verstreut bis 2200 m.

Wert für Tiere: Blätter als Raupenfutter für Kaisermantel oder Brombeer-Perlmutterfalter. Wildbienen überwintern und brüten in hohlen Ranken. Beliebte Wildäsung für Hase und Reh. Nektarreiche Scheibenblüte wertvoll für Wildstrauchinsekten aller Art, speziell Augenfalter und Pinselkäfer. Brombeeren begehrt bei vielerlei Tieren.

Besonderes: Die Heilkraft der Brombeere ist seit MATTHIOLUS „New Kreutterbuch" von 1570 bekannt.

Himbeere
Rubus idaeus
Rosengewächse
(Rosaceae)

Verbreitung: Nordamerika, Europa, teils verwilderte Kultursorten. D, CH, A, häufig.
Lebensraum: Von der Ebene bis auf 1900 m Höhe. Lichte Wälder, Waldrand, Hecken, Lichtungen, Steinbrüche, Sandgruben, Wegraine. Anspruchsloser Generalist auf sauren bis kalkreichen, humosen sandigen, steinigen oder lehmigen Böden; liebt fruchtbare, nicht zu trockene, sonnige und überwiegend warme Lagen. Kommt an stickstoffreichen Standorten in Massen vor.
Vergesellschaftet mit Brombeere, Schlehe, Weißdorn, Hartriegel, Heckenkirsche, Berberitze, Heidekraut, Ginster, Hundsrose und Haselnuß.
Erscheinungsbild: Kleinstrauch um 1 m, mit rutenförmigen, parallel stehenden oder überhängenden Schößlingen. Nicht verzweigt, aber unterirdische Ausläufer mit neuen Trieben bildend, selbstverjüngend. Zweijährig.
Blüte: Mai–August, nach Laubaustrieb.
Einhäusig, zweigeschlechtlich, unscheinbar grünweiß mit 5 schmalen Blütenblättern, zahlreichen Staubgefäßen und Fruchtknoten, jeweils wenige bis fingernagelgroße Napfblüten doldenförmig angeordnet. Zarter, lieblicher Duft.
Frucht: Juli–September.
„Beere“, tatsächlich Sammelfrucht aus kleinen

Steinfrüchten, hell- bis dunkelrot. Die Frucht sitzt auf einem zapfenförmigen Blütenboden, von dem sie sich in reifem Zustand leicht löst. **Eßbar.** Süßer, aromatischer Geschmack.

Blatt: Zusammengesetzt aus 3–5 (7) Fiederblättern. Einzelblätter länglich-eiförmig spitz, bis 8 cm, am Rand doppelt gesägt, oberseits dunkelgrün und kahl, unterseits weißfilzig, Stiel und Rippen stachellos, aber flaumig behaart. Kein besonderer Geschmack, nach längerem Kauen kaugummiartig klebend.

Zweige: Lange, unverzweigte Ruten, übersät mit kleinen weichen Stacheln oder Hökkern. Schnellwüchsiger Kriechwurzler mit Wurzelbrut.

Rinde: Im ersten Jahr grün, im zweiten braun verholzend, dann Zweige absterbend.

Wirkstoffe: In den Blättern Gerbstoffe, organische Säuren und ätherische Öle, in den Beeren bis zu 2% Zitronensäure, außerdem Fruchtzucker, Pektin, Vitamin A und C.

Ähnlich aussehende Arten: Zu verwechseln ist die Himbeere allenfalls mit der Gemeinen Brombeere (*R. fruticosus*), doch bildet die Gemeine Brombeere eher liegende Ranken als stehende Schößlinge, hat kräftigere Stacheln, meist größere Blätter, auffälligere weißrosa Blüten und schwarze Früchte.

Wert für Tiere: Blätter sind Raupennahrung für kleines Nachtpfauenauge oder Roten Würfelfalter. Wichtige Wildäsungspflanze. Napfblütenbesucher sind verschiedenste Wildstrauchinsekten. Die Himbeeren sind beliebt bei Fruchtfliegen, Himbeerkäfer, Saumwanze, Star oder Haselmaus.

Besonderes: Himbeere ist nicht gleich Himbeere. Wildfrüchte haben gegenüber Kultursorten einen Nachteil und einen Vorteil. Der Nachteil: Sie sind kleiner und weniger attraktiv. Der Vorteil: Sie sind im Geschmack viel aromatischer! Vergleichen Sie einmal selbst, der Weg zurück zur Natur schmeckt ausgezeichnet!

Hundsrose
Rosa canina
Rosengewächse
(Rosaceae)

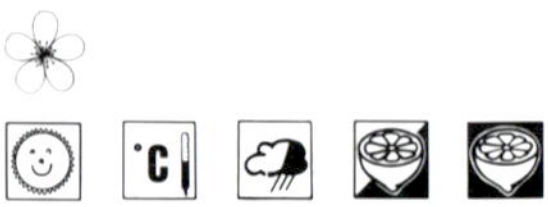

Andere Namen: Heckenrose, Hagebutte, Hagrose, Hainbutte
Verbreitung: Nordafrika, Nord- und Westasien, Europa, oft schwer zu bestimmen, gekreuzt mit anderen Rosen. D, CH, A, weit verbreitet.
Lebensraum: Von der Ebene bis in 1300 m Höhe. Waldrand, lichter Laubwald, Gebüsche, Wegraine, offene Hänge, Brachland. Anspruchsloser Generalist auf steinigen, sandigen, lehmigen, stickstoffhaltigen, sonnigen und mäßig warmen Standorten.
Vergesellschaftet mit Weißdorn, Schlehe, Hartriegel, Haselnuß, Liguster, Berberitze, Brombeere, Himbeere und anderen Rosenarten.
Erscheinungsbild: Variabel. Nur dünne, lange Triebe oder dichter Busch oder Großstrauch zwischen 3–5 m mit kräftigem Stamm und bogenförmig überhängenden Zweigen. Sehr stachelig. Ranken verwachsen mit anderen Heckenpflanzen zu dichtem Gebüsch, bildet aber auch allein undurchdringliche Dickichte.
Blüte: Mai–Juli, nach Laubbildung.
Einhäusig, zweigeschlechtlich, bis zu drei bis 5 cm breite, offene, fünfblättrige Scheibenblüten am Ende der Triebe. Blütenblätter bis 3 cm lang, reinweiß oder hellrosa bis schwachrot. Zahlreiche auffällig gelbe Staubgefäße. Intensiv aromatisch duftend.

Frucht: September–Oktober.
Bis 2 cm lange, leuchtend orange bis scharlachrote, kugelige oder längliche Sammelnußfrüchte aus zahlreichen behaarten Einzelnüßchen. Fleischige Fruchtschale, außen glatt, vertrocknete Kelchblätter an der Spitze sichtbar, gestielt. **Fruchtfleisch eßbar.** Süßsauer, schwach zusammenziehender Geschmack.
Blatt: Zusammengesetzte, unpaarige, 5- bis 7teilige, meist handgroße Fieder. Einzelblätter eiförmig spitz, runzelig, am Rand gesägt, bis 4 cm lang. Stachelige Blattstiele. Oberseits kahl dunkelgrün, unterseits heller, gelegentlich behaart. Nachhaltig bitterer Geschmack.
Zweige: Meist rutenförmig, lang, mit an der Basis leicht abbrechbaren großen, rückwärts sichelartig gekrümmten Stacheln (keine Dornen!). Jung grün und biegbar, älter verholzend. Schnellwüchsiger Tiefwurzler mit Wurzelausläufern.
Rinde: Jung grün, später braun bis grau.
Wirkstoffe: In den Früchten Fruchtsäuren, Fruchtzucker, Lecithin, Kieselsäure, Eisen, Aluminium, Vanillin, reichlich Vitamin C (bis zu 1,5 g auf 100 g Frischfrucht).
Ähnlich aussehende Arten: 20–30 andere Wildrosen und verwilderte Kulturrassen:
Einzelnstehender Strauch ohne Kletterhilfe, meist unter 1 m:
Essigrose (*R. gallica*), bis 7 cm breite, hell- bis dunkelrote, innenseits unten weißliche Blüte, schwach essigartiger Geruch der Blätter; lichte Laubwälder, Waldrand, Wegraine, Wiesen, Süddeutschland und Alpen.
Feldrose (*R. arvensis*), bis 3 cm breite, duftlose weiße Blüten; Hecke, Gebüsch, lichte Wälder, selten im Nordwesten, häufig im Süden, Alpen.
Dünenrose (*R. pimpinellifolia*), bis 5 cm breite weiße, selten gelbe oder rosafarbene Blüten, nur bis 2 cm lange, fast kreisrunde Blätter; Dünen, trockene Kalkhügel, Nordseeküste und Inseln häufig, verstreut im Süden.
Einzelnstehender Strauch ohne Kletterhilfe, meist größer als 1 m:

Alpenheckenrose (*R. pendulina*), bis 4 cm breite rosa- bis purpurfarbene Blüten, 7–11 Fiederblättchen, Triebe oft stachellos; Laub- und Nadelwälder von Alpen und Vorland, selten im Mittelgebirge.
Apfelrose (*R. pomifera*), bis 7 cm breite rosafarbene Blüten, Früchte bis 3 cm dick, kugelig; Hecken, felsige Hänge, lichte Wälder, Alpen.
Weinrose (*R. rubiginosa*), bis 3 cm breite rosarote Blüten, Blätter apfelweinartiger Geruch; trockene Hänge, Hecken, Waldränder, weit verbreitet. – Filzrose (*R. tomentosa*), bis 4 cm breite weiße bis hellrosa Blüten, Blätter oberseits fein behaart, unterseits filzig; Wälder, Gebüsche, Wegraine verbreitet, Alpen und Mittelgebirge verstreut.
Zimtrose, Mairose (*R. majalis*), karminrote, bis 5 cm breite Blüten, braunrote, oft stachellose Zweige, bis 1 cm dicke, kugelige, dunkelrote Früchte; Flußufergebüsch, Auwälder, Süddeutschland, Alpen.
Wert für Tiere: Blätter Raupennahrung für Kleines Nachtpfauenauge. Die Blattschneiderbienen polstern mit den Blättern ihre Brutzellen aus. Wertvoll ist die nur pollenhaltige Scheibenblüte für Blattrosenkäfer, Honigbiene, Grabwespen oder Steinhummel. Früchte Nahrung für Grünfink, Kernbeißer, Dompfaff, Igel, Feldhase.
Besonderes: Gesundheitlich und geschmacklich ist die Hagebuttenwildfrucht durch fast nichts zu übertreffen. Ob als Suppe, Salat, Gemüse, Soße, Auflauf, Kompott, Pudding, Creme, Paste, Eis, Marmelade, Gelee, Honig, Mark, Most, Wein, Likör, Kuchen oder Gebäck – es gibt weit mehr feine Dinge aus der Hagebuttenküche als Hagebuttenarten auf der ganzen Welt. Versuchen Sie mal eines!

Wildsträucher im Haus

Zum Schönen und Interessanten eines Wildstrauches gesellt sich auch noch der praktische Nutzen: die teilweise außerordentlich wohlschmeckenden Früchte von B wie Brombeere bis W wie Weißdorn, die gesundheitsunterstützende oder -fördernde Wirkung von Faulbaumrinde, Brombeer-, Heidelbeer- oder Himbeerblätter-Tee, die appetitanregende Wirkung von Wacholderbeeren, Schlehenmus oder Sanddornsaft. Unsere Großmütter nutzten die Apotheke der Natur, die heutige Generation kennt sie kaum: Ins Früchtebrot von heute kommen Feigen und Rosinen aus Griechenland, Zitronat aus Italien, Mandeln aus Spanien und Haselnüsse aus Südfrankreich. Wer mahlt schon sein Mehl aus Weißdornbeeren und garniert das Früchtebrot mit getrockneten Schnitzen von Birne und Apfel oder bestreicht es mit Hagebutten-Cremepaste? Sie genießen und kennen den Maracuja-Joghurt aus Brasilien, auch wenn man dort solches gar nicht ißt, genießen und kennen aber nicht die Früchte des Schwarzen Holunders, des Sanddorns und der Schlehe. Dabei beginnt hier doch ein breites Feld offenzuliegen, gefüllt mit Most, Likör, Auflauf, Pudding, Eis, Suppe, Salat, Gelee, Soße, Wein, Gebäck oder Kuchen, alles von und mit Wildstrauchfrüchten. (Aber bitte etwas übriglassen, andere Lebewesen schätzen Wildfrüchte schon länger und sind noch dazu darauf angewiesen!)
Geben wir der nächsten Generation Hilfe und versuchen, ihr den Zugang zu Dingen zu öffnen, die unseren Großeltern selbstverständlich waren. Die von Kindheit aufgebaute Beziehung zur Natur prägt das Erwachsenenverhalten. Wer als Kind nie einen blühenden Holunder gesehen und gerochen, nie selbst seine dunklen Beeren gesammelt und im kochenden, spritzenden Mus herumgerührt hat, wer nie erlebt hat, wie aus einer rosafarbenen Hundsrosenblüte eine rote Hagebutte und daraus dann Gelee wurde, für den kurzgeschorener englischer Rasen und säuberlich gestutzte, „ordentlich" geformte Koniferensträucher Natur sind, der wird Holunder und Hundsrose nicht vermissen, der wird die Abholzung einer Wildstrauchhecke nicht verhindern.
Hier nur ein paar Rezepte für Heiltees, Marmeladen, Süßspeisen, Säfte, Likör und Wein zur Anregung:

Nieren- und Blasentee

1 Eßl. Blätter von Heidekraut, Goldrute, Birke und Bärentraube (Verhältnis 1:1:1:2) mit 1/4 Liter heißem Wasser abbrühen, 10–15 Min. abgedeckt ziehen lassen, abseihen. Über den Tag verteilt 2–3 Tassen heiß trinken. (Harntreibend und entzündungshemmend)

Stoffwechseltee

6 Teel. Mistel-Blätter mit 3 Tassen kaltem Wasser 6–8 Stunden ziehen lassen, abseihen und über den Tag verteilt schluckweise trinken.
(Zur allgemeinen Stoffwechselaktivierung)

Fiebertee

1 gut gehäufter Teel. pulverisierte Salweiden-Rinde 2–3 Stunden in 2 Tassen kaltem Wasser ziehen lassen, kurz aufkochen. Über den Tag verteilt schluckweise ungezuckert trinken. (Fiebersenkend und schmerzstillend)

Hustentee
1–2 Teel. Stechpalmen-Blätter in $^1/_4$ Liter lauwarmem Wasser über Nacht zugedeckt ziehen lassen. Dann den Auszug kurz erwärmen, absieben und über den Tag verteilt 1–2 Tassen schluckweise trinken.
(Hustenreizstillend und auswurffördernd, fiebersenkend)
Stopfender Tee
1 Eßl. Blätter von Brombeere, Heidelbeere und Blutwurz, dazu Apfelschalen (Verhältnis 2:1:1:1) in $^1/_4$ Liter Wasser 5 Min. kochen, 10 Min. ziehen lassen, filtern. Über den Tag verteilt 2–3 Tassen trinken.
(Gegen starken Durchfall)
Wacholderspiritus
Wacholderbeeren trocknen, 20 g fein zerstoßen und in 100 ml 70 %igem Alkohol 2–3 Wochen ziehen lassen. Abfiltern. (Herstellung auch aus Wacholderöl und reinem Alkohol im Verhältnis 1:3 möglich.)
(Zum Einreiben gegen Rheuma, desinfizierende und reizende Wirkung bei Hautleiden)
Holunder-Suppe
1 Pfund Holunderbeeren, 1 geschnittener Wildapfel, Schale einer Zitrone, 1 Zimtstange in 1 Liter Wasser kochen. Passieren, mit Stärke andicken und mit Zucker abschmecken. Zur Garnierung Knusperflocken oder zerkrümelter Vollkornzwieback.
Holunder-Weißdorn-Marmelade
4 Teile Holunderbeeren (von Schwarzem oder Traubenholunder) mit wenig Wasser kurz kochen und passieren. 6 Teile Weißdornbeeren mit wenig Wasser kurz kochen und passieren. Das Fruchtmus miteinander vermengen, abwiegen und entweder mit Gelierzucker oder normalem Zucker zu Marmelade kochen.
(Statt Weißdornfrüchten kann man auch die Früchte von Hundsrose oder Holzbirne im gleichen Mengenverhältnis verwenden. Den richtigen Pfiff erhält die Marmelade, wenn Sie einen Teil Berberitze, Vogelbeere oder Mispel zufügen!)
Quitten-Weißdorn-Konfekt
4 Teile Weißdornfrüchte mit 1 Zimtstange und Wasser weichkochen, passieren. 6 Teile Quitten entkernen, mit 1 Zimtstange und etwas Wasser weichkochen, im Mixer zerkleinern. Fruchtmus miteinander vermischen, 7–10 Teile Zucker zugeben, aufkochen lassen (unter Rühren). Die Masse etwa 1 cm dick auf Pergamentpapier auftragen. An einem warmen Ort langsam trocknen lassen, ausstechen oder passend zerschneiden, evtl. mit Bitterschokolade verzieren.

Berberitzenpudding
1/2 Liter Berberitzensaft, 3/4 Liter trockener Rotwein, 500 g Zucker, geriebene Zitronenschale und 1/2 Zimtstange miteinander aufkochen, abseihen und erneut kochen. Dazu 200 g in einem weiteren 1/2 Liter Rotwein verquirltes Kartoffelmehl langsam einrühren, bis das Ganze dick wird. Den Pudding in eine Form geben, nach dem Erkalten stürzen und mit Weinsoße servieren.
Himbeerlikör
Glasgefäß zu 2/3 mit Himbeeren füllen und mit Klarem aufgießen. Dazu das halbe Fruchtgewicht an Zucker und den Saft 1 Zitrone. Ca. 2 Wochen an einem warmen Ort gären lassen, ab und zu umrühren. Auszug 1 abgießen, aufbewahren, das Fruchtkonzentrat mit Klarem und Zucker auffüllen. 4 Wochen Gärzeit. Den 2. Auszug abgießen (Früchte gut auspressen). Auszug 1 und 2 vermischen, nach Belieben filtern. Frisch schmeckt der Likör am besten!
Sanddorn-Saft
Am gesündesten ist der kalt gepreßte Saft, den man aus den frisch geernteten Früchten ausquetscht und der sich eingefroren aufbewahren läßt. Er kann aber auch konserviert werden: Dazu mit etwa gleichem Gewicht an Zucker kurz aufkochen lassen und heiß in gut verschließbare Flaschen füllen. 2–3 Löffel pur oder zur Verfeinerung von Quark, Joghurt oder Müsli täglich!
Vogelkirschen-Sirup
Reife Vogelkirschen mit wenig Wasser 10 Min. weichkochen, das Fruchtfleisch zerdrücken, dabei die Kerne ganz lassen. Die Masse durch ein grobporiges Tuch pressen. Nach Belieben mit Zucker süßen, in Fläschchen abfüllen, verschließen, pasteurisieren.
Energiebälle aus Haselnüssen
150 g gemahlene Haselnüsse mit 150 g zerkleinerten Datteln und je 100 g Rosinen und Feigen, je 1 Teel. Anis und Johannisbrotpulver, 1 Eßl. Honig und 1 abgeriebenen Zitronenschale zu einer festen Masse verkneten. Kugeln rollen oder aus ausgewalztem Teig Formen ausstechen, in angeröstetem Sesam wälzen.
(Schon im Mittelalter kursierten Rezepte, die eine Mischung aus Haselnuß, Mauerpfeffer und Ackerwinde, scharf gewürzt mit echtem Pfeffer, gegen Impotenz des Mannes empfehlen. Ob die scharfe Energieladung wohl geholfen hat? Andernfalls durfte man im 17. Jahrhundert dann auf ein Öl aus Haselnußknospen, Thymian, Stockrose und Studentenblume zurückgreifen, das dazu gut sein sollte, traumhafte Feen zu sehen – oder wenigstens von ihnen zu träumen … und weiteren leckeren Haselnüssen!)

Bezugsmöglichkeiten für Wildsträucher

Nur wenige Baumschulen können außer einem begrenzten Standardsortiment einheimischer Pflanzen auch seltenere Wildsträucher anbieten (etwa Berberitze, Gemeine Felsenbirne, Mispel, Waldgeißblatt, Wildapfel, Wildbirne). Diese uns bekannten Baumschulen werden hier aufgeführt. Die Liste erhebt keinen Anspruch auf Vollständigkeit.

Florahof Baumschulen
7315 Weilheim/Teck, Tel. (0 70 23) 60 49

Baumschule Brenninger
8251 Steinkirchen, Tel. (0 80) 8 46 67

Geigle Pflanzen – Samen – Bepflanzungen
7270 Nagold/Schwarzwald, Tel. (0 74 52) 30 41-42-43, und
8949 Kammlach b. Mindelheim/Schwaben, Tel. (0 82 61) 15 08

Hohenloher Baumschulen
7110 Öhringen/Württ., Tel. (0 79 41) 70 84 und 70 85

Kneussle Baumschulen KG
7968 Saulgau-Krumbach/Württ., Tel. (0 75 81) 30 15-17, und
5427 Penzerheide/Bad Ems, Tel. (0 26 03) 40 29

„Naturwuchs", Baumschule für Wildsträucher, Naturgartenbau
4800 Bielefeld 1, Tel. (05 21) 6 40 23, und
8032 Gräfelfing, Tel. (0 89) 8 54 32 34

Renz Nachf. GmbH & Co. KG.
7270 Nagold-Emmingen, Tel. (0 74 52) 40 73
8671 Oberkotzau-Gut Haideck, Tel. (0 92 84) 75 52
6364 Florstadt 5-Nieder Mockstadt, Tel. (0 60 41) 2 30
8061 Unterweilbach/Dachau, Tel. (0 81 39) 3 48

Scheerer
7967 Bad Waldsee/Württ., Tel. (0 75 24) 50 39

Karl Schlegel KG
7940 Riedlingen/Württ., Tel. (0 73 71) 84 45 und 84 46

Hinrichs Baumschule
3110 Uelzen 1, Tel. (05 81) 29 10

Schweiz

Bürgi's Forstbaumschulen
CH-5256 Zeihen AG, Tel. (0 64) 66 13 52 und 66 13 53

Füllemann Baumschulen
CH-9202 Gossau, Tel. (0 71) 85 30 30

Stämfli-Müller Forstbaumschulen
CH-3054 Schüpfen/Be, Tel. (0 31) 87 01 39

Walder Baumschulen
CH-4125 Riehen/Bs, Tel. (0 61) 49 19 33

Literaturhinweise

1. Allgemeine Ökologie

Arbeitskreis Chemische Industrie/Katalyse-Umweltgruppe: Das Waldsterben. Kölner Volksblattverlag, Köln 1983

Braun–Blanquet, J./E. Rübel: Flora von Graubünden (1 und 2). H. Huber, Bern 1932 und 1934

Ehrendorfer, F.: Liste der Gefäßpflanzen Mitteleuropas. Fischer, Stuttgart 1973

Ellenberg, H.: Vegetation Mitteleuropas mit den Alpen. Stuttgart 1978

Ellenberg, H.: Zeigerwerte der Gefäßpflanzen Mitteleuropas. Scripta Geobotanica IX, Göttingen 1979

Fitschen, J.: Gehölzflora. Quelle und Meyer, Heidelberg 1977

Hofmeister, H.: Lebensraum Wald. P. Parey, Hamburg 1983

Janchen, E.: Flora von Wien, Niederösterreich und Nordburgenland. Verein für Landeskunde von Niederösterreich und Wien, Wien 1977

Runge, F.: Die Pflanzengesellschaften Deutschlands. Aschendorff, Münster 1973

Schmeil, O./J. Fitschen: Flora von Deutschland. Quelle und Meyer, Heidelberg 1982

2. Pflanzen und Tiere

Aichele, D., und R./H.-W. und A. Schwegler: Was grünt und blüht in der Natur? Kosmos, Stuttgart 1981

Aichele, D., und R./H.-W. und A. Schwegler: Welcher Baum ist das? Bäume, Sträucher, Ziergehölze. Kosmos, Stuttgart 1985

Amann, G.: Bodenpflanzen des Waldes. Neumann, Melsungen 1970

Amann, G.: Vögel des Waldes. Neumann, Melsungen 1976

Amann, G.: Bäume und Sträucher des Waldes. Neumann, Melsungen 1980

Barth, F. G.: Biologie einer Begegnung. DVA, Stuttgart 1982

Baumann, H.: Die griechische Pflanzenwelt. Hirmer, München 1982

Blab, J./O. Kudrna: Hilfsprogramm für Schmetterlinge. Kilda, Greven 1982

Brauns, A.: Taschenbuch der Waldinsekten (1 und 2). Fischer, Stuttgart 1976

Brohmer, P.: Fauna von Deutschland. Quelle und Meyer, Heidelberg 1982

Bund deutscher Baumschulen: Gehölzsortimente und ihre Verwendung. Fördergesellschaft „Grün ist Leben", Pinneberg 1984

Chmelar, J./W. Meusel: Die Weiden Europas. Ziemsen, Wittenberg 1979

Fischer-Benzon, R. v.: Altdeutsche Gartenflora. Lipsius und Tischer, Kiel 1984

Haller, K. E./H.-H. Fickler: Waldbäume, Sträucher und Zwergholzgewächse. Winter, Heidelberg 1955

Harde, K. W./F. Severa: Der Kosmos-Käferführer. Kosmos, Stuttgart 1981

Harz, K.: Bäume und Sträucher. BLV 1980

Humphries, C. J./J. R. Press/D. A. Sutton: Der Kosmos-Baumführer. Kosmos, Stuttgart 1982

Kirchner, O.v.: Blumen und Insekten. Teubner, Leipzig 1911

Knoll, F.: Die Biologie der Blüte. Springer, Heidelberg 1956

Kosch, A.: Welcher Baum ist das? Kosmos, Stuttgart 1972

Kreuzer, J.: Kreuzers Gartenpflanzen-Lexikon. Kreuzer, Tittmoning 1978

Krüssmann, G.: Die Laubgehölze. Parey, Hamburg 1965

Krüssmann, G.: Handbuch der Laubgehölze (1–3). Parey, Hamburg 1976–78

Krüssmann, G.: Die Bäume Europas. Parey, Hamburg 1979
Laux, H. E.: Wildbeeren und Wildfrüchte. Kosmos, Stuttgart 1982
Müller, H.: Alpenblumen. Engelmann, Leipzig 1881
Novak, I./F. Severa: Der Kosmos-Schmetterlingsführer. Kosmos, Stuttgart 1983
Olberg, G.: Blüte und Insekt. Geest und Portig, Leipzig 1951
Rytz, W.: Unsere Sträucher. Hallwag, Bern 1979
Rytz, W.: Unsere Bäume. Hallwag, Bern 1982
Schretzenmayer, M./H. Erfurth: Bäume und Sträucher. Urania, Jena 1954
Schröder, H.-H.: Dorn- und Stachelpflanzen Mitteleuropas. Ziemsen, Wittenberg 1964
Stopp, F.: Unsere Misteln. Ziemsen, Wittenberg 1961
Vedel, H./J. Lange: Bäume und Sträucher in Farben. Maier, Ravensburg 1972
Werth, E.: Bau und Leben der Blumen. Enke, Stuttgart 1956
Zahradnik, J.: Der Kosmos-Insektenführer. Kosmos, Stuttgart 1982
Zech, J.: Bäume und Sträucher. Kosmos, Stuttgart 1977

3. Naturgarten

Briemle, H.: Ökologischer Garten. Fischer, Frankfurt 1981
Jorek, N.: Leben im Naturgarten. Falken, Niedernhausen 1983
Klemp, H.: Mehr Natur in Dorf und Stadt. Bund für Umwelt und Naturschutz Deutschland, Kiel 1981
Kreuter, M.-L.: Der Biogarten. BLV, München 1982
Lange, W./O. Stahn: Die Gartengestaltung der Neuzeit. Weber, Leipzig 1907
Lohmann, M.: Öko-Gärten als Lebensraum. BLV, München 1983
Oberholzer, A./L. Lässer: Naturgarten. Hallwag, Bern 1983
Schwarz, U.: Der Naturgarten. Krüger, Frankfurt 1980
Schweiz. Zentrum für Umwelterziehung (Hrsg.): Gartenfreuden für Kenner. Tips und Hinweise für Naturgartenpraktiker. SZU/WWF, Zofingen 1982
Zimmerli, E.: Freilandlabor Natur. WWF, Zürich 1980

4. Naturerfahrung

Cornell, J. B.: Mit Kindern die Natur erleben. Ahorn, Soyen 1979
Schweizer Zentrum für Umwelterziehung / Bundesamt Forstwesen: Wald erleben – Wald verstehen. SZU/WWF, Zofingen 1983 (3. Aufl.)
Stöckle, F.: Feld-, Wald- und Wiesenspiele. Maier, Ravensburg 1981
Stöcklin-Meier, S.: Naturspielzeug. Maier, Ravensburg 1981
Wieland, D./P. M. Bode/R. Disko: Grün kaputt. Raben, München 1983

5. Medizin und Rezepte

Bingen, H. v.: Naturkunde. Müller, Salzburg 1980
Bocksch, M./I. Bott/H. Zucci: Das Öko-Kräuterbuch. Fischer, Frankfurt 1983
Braun, H.: Heilpflanzenlexikon für Ärzte und Apotheker. Fischer, Stuttgart 1981
Fischer, S.: Blätter von Bäumen. 2001, Frankfurt
Gessner, O.: Gift- und Arzneipflanzen von Mitteleuropa. Winter, Heidelberg 1974
Helm, E. M.: Feld-, Wald- und Wiesenkochbuch. Heyne, München 1983
Hollerbach, E. und K.: Kraut und Unkraut zum Kochen und Heilen. Hugendubel, München 1983
Schlechta, I.: Köstliche Wildfrüchte und Wildgemüse. Gräfe und Unzer, München
Strassmann, R.-A.: Baumheilkunde. Renatus, Wilen 1983
Surya, G. W.: Ursprung, Wesen und Erfolge der okkulten Medizin. Linser, Berlin 1922
Willfort, R.: Gesundheit durch Heilkräuter. Trauner, Linz 1982

Register

Halbfett gesetzte Seitenzahlen verweisen auf Abbildungen.

Ackerbrombeere 147
Ackerrose 45
Ahlbeere **134**
Ahlkirsche **128**
Almrausch **106**
Alpenheckenkirsche 73
Alpenheckenrose 152
Alpenjohannisbeere 135, 137
Alpenrose, Behaarte 107
Alpenrose, Rostrote **106**
Alpenwaldrebe 89
Amelanchier ovalis **132**
Apfelrose 152
Arctostaphylos uva-ursi 121
Aschweide 98
Bärentraube 121, 153
Bandweide 97
Beereneibe **58**
Beinholz **72**
Bergholunder **86**
Bergmispel **112**
Berberis vulgaris **130**
Berberitze **6**, **130**
Besenginster **140**
Besenheide **60**
Besenpfriem **140**
Bickbeere **120**
Blasenstrauch, Gelber **144**
–, Gemeiner **144**
Blaubeere **120**
Brombeere, Echte **146**
–, Gemeine **146**
Buchsbaum **62**
Buxus sempervirens **62**
***C**alluna vulgaris* **60**
Carpinus betulus **114**
Clematis alpina 89
– *vitalba* **88**
Colutea arborescens **144**
Cornus mas **66**
– *sanguinea* **64**
Corylus avellana **116**
Cotoneaster integerrima **112**
– *tomentosa* 113
Crataegus monogyna **138**
– *oxyacantha* 139
Cytisus scoparius **140**
***D**aphne cneorum* 105
– *mezereum* **104**
– *striata* 105
Dünenrose 151
Efeu, Gemeiner **108**
Eibe, Gemeine **58**, 59
Eller **84**
Erica carnea 61
– *tetralix* 61
Essigrose 151
Euonymus europaeus **80**
– *latifolia* 81
– *verrucosa* 81
Färberginster 141
Faulbaum **100**
Feldrose 151
Felsenbeere 147
Felsenbirne, Gemeine **132**
Felsenbrombeere 45
Felsenfaulbaum 101
Felsenjohannisbeere 135, 137
Felsenkirsche 129
Felsenkreuzdorn 77
Filzrose 152
Flieder **84**
Flügelginster 142
Gagelstrauch **94**
Gartengeißblatt 75
Gaspeldorn 141
Geißblatt, Deutsches **74**
–, Echtes 75
–, Wildes **74**
Genista anglica 141
– *germanica* 141
– *pilosa* 142
– *sagittalis* 142
– *tinctoria* 141
Ginster, Behaarter **142**
–, Deutscher 141
–, Englischer 141
Glockenheide 61
Grauweide 98
Haferpflaume 127
Hagapfel **122**
Hagebuche **114**
Hagebutte **150**
Hagedorn **138**
Hagrose **150**
Hainbuche **114**
Hainbutte **150**
Hanfweide 97
Hartriegel, Gelber **66**
–, Roter **64**
Hasel **11**, **45**, **116**, 155
Heckdorn **138**
Heckenkirsche, Blaue 73
–, Gemeine **72**
–, Rote **72**
–, Schwarze 73
Heckenrose **150**
Hedera helix **108**
Heideginster 142
Heidekraut **60**, 153
Heidelbeere **120**, 154
Heidewacholder **90**
Herlitze **66**
Himbeere **148**
Hippophae rhamnoides **102**
Hirschholunder **86**
Holunder **84**
Holder **84**
Holler **84**
Holunder, Roter **86**
–, Schwarzer **18**, **84**, 154
Holzapfel **122**
Holzbirne **124**, 154
Hornstrauch, Roter **64**
Hundsrose **2**, **150**, 154
***I**lex aquifolium* **118**
Jelängerjelieber 75
Johannisbeere, Rote 135, 137
–, Schwarze **134**
Juniperus communis **90**
– *sabina* 91
– *saxatilis* 91
Kellerhals **104**
Korbweide 97
Kornelkirsche **66**
Kratzbeere 147
Krautweide 98
Kriechweide 98

Kriechenpflaume 127
Kreuzdorn, Echter **76**
–, Gemeiner **76**
Lavendelweide 97
Liguster, Gemeiner **68**
Ligustrum vulgare **68**
Lonicera alpigena 73
– *caprifolium* 75
– *coerulea* 73
– *nigra* 73
– *periclymenum* **74**
– *xylosteum* **72**
Lorbeer-Seidelbast 44
Lorbeerweide 98
Machandel **90**
Mairose 152
Mandelweide 98
Malus sylvestris **122**
Mehldorn **138**
Mespilus germanica **110**
Mispel **110**, 154
Mistel **70**, 153
Moorweide 98
Moosbeere 121
Müllerbrot **138**
Myrica gale **94**
Myricaria germanica **92**
Myrte, Brabanter **94**
Ohrweide 98
Palm **62**
Palmweide **96**
Pfaffenhütchen **80**
Preiselbeere 45, 121
Prunus avium 129
– *insititia* 127
– *fructicosa* 129
– *mahaleb* 129
– *padus* 128
– *serotina* 129
– *spinosa* 126
Pulverholz **100**
Purgier-Kreuzdorn **76**
Purpurweide 97
Pyrus pyraster **124**
Rauschbeere 121
Reifweide 97
Rhamnus cathartica **76**
– *frangula* **100**
– *pumila* 77
– *rupestris* 101
– *saxatilis* 77
Rhododendron ferrugineum **106**
– *hirsutum* 107
Ribes alpinum 135
– *nigrum* **134**
– *petraetum* 135
– *rubrum* 135
– *uva-crispa* **136**
Riemenblume 71
Rispelstrauch **92**
Rosa arvensis 151
– *canina* **150**
– *gallica* 151
– *majalis* 152
– *pendulina* 152
– *pimpinellifolia* 151
– *pomifera* 152
– *rubiginosa* 152
– *tomentosa* 152
Rosmarinseidelbast 105
Rubus caesius 147
– *fructicosus* **146**
– *idaeus* **148**
– *saxatilis* 147
Sadebaum, Gemeiner 91
Salbeiweide 98
Salix aurita 98
– *caprea* **96**
– *cinerea* 98
– *daphnoides* 97
– *elaeagnos* 97
– *herbacea* 98
– *nigricans*98
– *pentandra* 98
– *purpurea* 97
– *repens*98
– *tr iandra* 98
– *viminalis* 97
Salweide **96**, 153
Sambucus ebulus 85
– *nigra* **84**
– *racemosa* **86**
Sanddorn **49**, **102**, 155
Sandginster 142
Sauerdorn **130**
Schimmelweide 97
Schlehe **33**, **126**
Schlehenpflaume 127
Schlinge **78**
Schneeball, Gemeiner **35**, **82**
–, Wolliger **78**
Schneeheide 61
Schwarzdorn **126**
Schwarzweide 98
Seedorn **102**
Seidelbast, Gemeiner **104**
–, Gestreifter 105
Spindelstrauch **80**
–, Breitblättriger 81
–, Warziger 81
Stachelbeere **136**
Stechginster 141
Stechhülse **118**
Stechpalme **16**, **118**, 154
Steinbeere 147
Steinmispel **112**
Steinrose **106**
Steinweichsel 129
Steinweide 97
Sumpfheide 61
Tamariske, Deutsche **92**
Taxus baccata **58**
Traubenholunder **17**, **86**
Traubenkirsche **29**, **128**
–, Spätblühende 129
U*lex europaeus* 141
V*accinium myrtillus* **120**
– *oxycoccus* 121
– *uliginosum* 121
– *vitis-idaea* 121
Viburnum lantana **78**
– *opulus* **82**
– – *sterile* 17, 43
Viscum album **70**
Vogelkirsche 129, 155
Wacholder, Gemeiner **12**, **90**
Waldgeißblatt **74**
Waldrebe, Gemeine **1**, **88**
–, Weiße **88**
Wanzenbeere **134**
Wasserschneeball **82**
Weichsel, Türkische 129
Weichselkirsche 129
Weinrose 152
Weißbuche **114**
Weißdorn **138**, 154
–, Eingriffeliger **138**
–, Zweigriffeliger 139
Wildapfel **122**, 154
Wildbirne **124**
Wildkirsche 129
Wimpernalpenrose 107
Zimtrose 152
Zwergholunder 85, 87
Zwergkreuzdorn 77
Zwergmispel, Gemeine **112**
–, Filzige 113
Zwergwacholder 91
Zwergweichsel 129
Zwergweide 98